O TRABALHO NAS PLATAFORMAS DIGITAIS DE INTERMEDIAÇÃO

Estudo sobre a natureza jurídica da relação com os motoristas de aplicativo

Dados Internacionais de Catalogação na Publicação (CIP)

S586t Silva, Paula Jaeger da.

O trabalho nas plataformas digitais de intermediação : estudo sobre a natureza jurídica da relação com os motoristas de aplicativo / Paula Jaeger da Silva. – Porto Alegre : Livraria do Advogado, 2021.

145 p. ; 23 cm.

Inclui bibliografia.

ISBN 978-65-86017-28-1

1. Direito do trabalho - Brasil. 2. Livre iniciativa. 3. Mercado de trabalho - Mudanças. 4. Trabalhadores autônomos. 5. Motoristas de aplicativo. I. Título.

CDU 349.2-057.13(81)

Índice para catálogo sistemático:
1. Direito do trabalho : Brasil : Trabalhadores autônomos 349.2-057.13(81)

(Bibliotecária responsável: Sabrina Leal Araujo – CRB 8/10213)

Paula Jaeger da Silva

O TRABALHO NAS PLATAFORMAS DIGITAIS DE INTERMEDIAÇÃO

Estudo sobre a natureza jurídica da relação com os motoristas de aplicativo

livraria
DO ADVOGADO
editora

Porto Alegre, 2021

Capa, projeto gráfico e diagramação
Livraria do Advogado Editora

Revisão
Rosane Marques Borba

Imagem de capa
Carro vetor criado por pch.vector - br.freepik.com

Livraria do Advogado Editora
Rua Riachuelo, 1334 s/105
90010-273 Porto Alegre RS
Fone: (51) 3225-3311
livraria@doadvogado.com.br
www.livrariadoadvogado.com.br

Impresso no Brasil / Printed in Brazil

Ao Éderson, à Ana Beatriz e à Antonia,
minha tradução de amor.

Prefácio

Foi com imenso prazer que recebi o convite da professora, advogada, pesquisadora e, especialmente, minha querida amiga Paula Jaeger da Silva, para prefaciar a obra que neste momento chega ao público: "O Trabalho nas Plataformas Digitais de Intermediação: Estudo sobre a natureza da relação com os motoristas de aplicativo".

Conheci a Paula – permito-me chamá-la pelo nome – nos nossos grupos de pesquisa e em Cursos de Especialização em Direito do Trabalho externos ao nosso programa. Já naqueles momentos, identifiquei a sementinha do seu amor pelo Direito do Trabalho e pela pesquisa.

Aliás, a Professora Paula é assim: coloca amor, alegria, interesse e muita qualidade em tudo que faz, contagiando àqueles que com ela convivem. Graduada e Mestre em Direito pela PUCRS, Especialista em Direito do Trabalho pela UFRGS, Advogada, Professora e Pesquisadora. Paula é esposa do querido amigo e Professor Éderson Porto e mãe das lindas Ana Beatriz e Antonia.

Seguindo no Grupo de Pesquisa Relações de Trabalho e Sindicalismo, do Programa de Pós-Graduação em Direito da Pontifícia Universidade Católica do Rio Grande do Sul, Paula foi selecionada para ingressar no Curso de Mestrado. Tive a sorte de recebê-la como orientanda.

A pesquisa apresentada no processo seletivo abordava tema candente e atual do mundo do trabalho. Tenho sustentado desde há muito, que no moderno Direito do Trabalho, o social e o econômico devem caminhar de mãos dadas, já que um não sobrevive sem o outro. Não por acaso, a Constituição da República de 1988, arrola, nos seus princípios fundamentais, os valores sociais do trabalho e da livre iniciativa em idêntica hierarquia axiológica.

Paula aprofundou as suas pesquisas com este norte. Pensou no Direito do Trabalho do presente e do futuro. E, como dito por Sérgio Stevan, Murilo Leme e Max Santos, o grande desafio da indústria 4.0 é otimizar a convergência das tecnologias para melhorar a produtividade, a qualidade dos produtos, barateá-los, além de produzi-los de forma sustentável e sem desperdícios.

Na primeira revolução industrial, passamos pela invenção da máquina a vapor e da sua aplicação da produção têxtil (século XVIII), seguindo, ao final do século XIX e início do século XX, para a segunda revolução industrial, com as invenções dela decorrentes, como automóvel, telefone e outros tantos bens hoje imprescindíveis. Os processos tecnológicos chegaram após a Segunda Guerra Mundial, caracterizando a terceira revolução industrial. Agora, novos tempos. No dizer de Klaus Schwab, na obra A Quarta Revolução Industrial, "apesar do potencial impacto positivo da tecnologia no crescimento econômico, é essencial, contudo, abordar o seu possível impacto negativo, pelo menos a curto prazo, no mercado de trabalho. Os temores dos impactos da tecnologia sobre os empregos não são novos."

O convívio da amiga Paula com os professores e colegas no PPGD da PUCRS foi marcante. A pesquisadora agregou valor ao programa, estando sempre à disposição para colaborar nas atividades acadêmicas, como eventos, estágios de docência, grupos de pesquisa e aulas.

O resultado foi a produção de dissertação aprovada com distinção e louvor sobre o trabalho nas plataformas digitais.

A dissertação se transformou neste livro: "O Trabalho nas Plataformas Digitais de Intermediação: Estudo sobre a natureza jurídica da relação com os motoristas de aplicativo". O tema é candente e atual.

O livro que ora apresento é dividido em três capítulos.

A autora inicia a obra abordando exatamente o direito ao trabalho e à livre iniciativa. Neste tópico, além da abordagem constitucional e histórica, temas como livre iniciativa, direitos fundamentais, valor social do trabalho, liberdade, princípios da ordem econômica e modelos de intervenção são examinados.

Em seguida, o capítulo que trata do mercado de trabalho brasileiro e as modalidades de contratação aplicáveis aos motoristas de aplicativo, demonstra uma abordagem profunda do fenômeno. Não poderia deixar de iniciar, por exemplo, com o exame do paradigma do mercado de trabalho tradicional e a crise do Direito do Trabalho. Falamos em trabalho, e não em emprego, já escasso. Após, é examinada a relação de emprego para, a partir de então, tratar do trabalho autônomo e do semiautônomo.

O último capítulo foca o trabalho dos motoristas de aplicativo na *gig economy*. Aqui foi examinado o mercado da economia colaborativa, a análise do enquadramento jurídico do motorista de aplicativo (se empregado ou autônomo), encerrando com a análise desta relação híbrida.

Foi imensamente prazeroso o acolhimento da Professora Paula Jaeger da Silva no Curso de Pós-Graduação em Direito – Mestrado na Pontifícia Universidade Católica do Rio Grande do Sul como orientanda. No decorrer do curso, a satisfação se manteve com a fácil tarefa de orientar a aluna dedicada, competente, organizada e sempre focada em ideias fundadas no seu sólido arcabouço teórico.

Reitero a minha alegria em apresentar este texto, resultado das reflexões dotadas de rigor científico e social da professora Paula.

Como tenho a honra de dizer, todos ganhamos com o ingresso da obra no cenário jurídico e acadêmico. Com satisfação e alegria, apresento-a ao público.

Gilberto Stürmer

Professor de Direito do Trabalho da PUCRS
Graduação e Pós-Graduação
Advogado

Sumário

1. Introdução

As atividades laborais de sobrevivência desenvolvidas pelas pessoas vão sofrendo mutações, como um ciclo natural da sociedade. O uso da tecnologia (com todos os recursos nela agregados) possibilita maior celeridade no processamento de dados, o que acaba por estimular a criatividade e o crescimento constante de conteúdos na rede mundial de computadores.

A revolução tecnológica dos últimos anos acabou afetando a forma de ofertar e demandar serviços, alterando o funcionamento do mercado e da sociedade como um todo. A partir das transformações ocorridas, em especial dos avanços na área da Tecnologia da Comunicação e Informação (TICs), surge em grandes proporções o fenômeno da economia do compartilhamento (*sharing economy*) como um modelo de negócio.

Embora não exista uma definição unânime e consistente sobre a economia do compartilhamento, esta traz em seu bojo a ideia de um mercado em que indivíduos são aproximados para compartilhar ou trocar seus bens ou serviços. A esta forma de mercado também se dá o nome de *peer to peer*, haja vista ser um modelo que permite que negócios sejam realizados pelos indivíduos com a intermediação da tecnologia de uma plataforma digital.

Uma infinidade de negócios surgiu tomando como modelo a economia do compartilhamento, sendo o foco da presente pesquisa apenas uma modalidade deste serviço, que é o transporte particular de passageiros, no qual um indivíduo que deseja realizar uma viagem de carro é aproximado por meio de uma plataforma digital (aplicativo) de outro que oferece o transporte em seu veículo.

A empresa Uber é um exemplo bastante conhecido de plataforma digital para intermediação de atividade que aproxima usuários interessados no transporte e motoristas dispostos a realizar a viagem. Este tipo de negócio pode ser classificado dentro da economia do compartilhamento como *gig economy* (termo em inglês utilizado para designar "economia dos bicos") ou *crowdsourcing* (termo utilizado para designar o trabalho na multidão) e apresenta a ideia de ser temporário, que inicia e finaliza rapidamente, até mesmo em poucos minutos.

Entende-se que no contexto da *gig economy* se tem presente uma nova forma de prestar serviços, como consequência da evolução da sociedade e da necessidade em se adequar aos rápidos e disruptivos avanços da tecnologia. Assim, justifica-se o presente estudo sobre as relações laborais inseridas neste novo cenário, especificamente o da intermediação de serviço de transporte por plataforma digital, pois a legislação trabalhista prevê modalidades de contratos de trabalho, que podem ou não ser enquadradas neste modelo de negócio proposto pela economia do compartilhamento, havendo, assim, grandes reflexos nas esferas trabalhista, social e econômica.

Desta forma, o que se pretende elucidar com este livro é: Qual a espécie de relação de trabalho existente na relação entre o motorista de aplicativo e a plataforma digital de intermediação do serviço?

Nessa perspectiva, destacam-se três hipóteses, quais sejam: a primeira no sentido de que a relação havida entre o motorista e a plataforma digital de intermediação de serviço se enquadra na espécie de contrato de emprego, tendo em vista a presença dos elementos necessários para sua caracterização, descritos no artigo 3º da Consolidação das Leis do Trabalho, devendo, portanto, ser aplicada a legislação celetista.

A segunda hipótese é no sentido de que as relações jurídicas criadas no contexto da *gig economy* (motorista de aplicativo e plataforma digital de intermediação) acontecem de forma diversa do modelo previsto da Consolidação das Leis do Trabalho, sendo consideradas relações autônomas, com vínculo de direito privado e regido pelo Código Civil, em que se vislumbra uma acentuada valorização da autonomia individual na celebração do contrato.

Por fim, a terceira hipótese considera que a natureza jurídica da relação em análise nesta pesquisa não atrai nenhuma modalidade de trabalho já prevista no ordenamento jurídico brasileiro, ou seja, considera que se trata de uma relação de trabalho inserida em um novo modelo de negócio e que para tal deve ser pensada uma nova espécie de relação de trabalho, mais adequada às necessidades da sociedade contemporânea.

Gize-se, por fim, que esta pesquisa tem o propósito de apresentar uma visão que tenta conciliar tanto o cenário protetivo do Direito do Trabalho como também o cenário empresarial, que precisa sobreviver em um mundo globalizado e com competitividade acirrada, para assim, elevar o patamar socioeconômico do país, proporcionando crescimento industrial, de produção, de trabalho e de renda com a devida segurança jurídica.

2. Direito ao Trabalho e à livre iniciativa

O trabalho, ao longo dos anos, foi se transformando e se apropriando de diversos sentidos. Aliás, toda a sociedade vivencia um constante fluxo de mudanças e para que se compreendam algumas questões futuras, faz-se necessário observar alguns movimentos do passado.

Assim, para analisar a natureza jurídica da relação existente entre os motoristas de aplicativo e plataformas digitais, objeto desta pesquisa, entende-se imperioso, neste momento, um estudo sobre como o trabalho e a livre iniciativa estão albergados na Ordem Constitucional, tendo em vista que é a partir dos princípios que ali estão albergados que se deve desenvolver todo o ordenamento jurídico brasileiro.

O presente capítulo possui quatro subdivisões principais, sendo que a primeira faz um apanhado histórico das Constituições Federais brasileiras sob o enfoque do trabalho e da livre iniciativa, para que se compreenda qual foi a evolução de pensamento dos constituintes nacionais ao consagrar (ou não) tais direitos até chegar na Constituição Federal de 1988.

Em prosseguimento, o segundo tópico apresenta seu foco no direito ao trabalho enquanto direito fundamental, e o terceiro tópico aborda a livre iniciativa, sendo que estes são atrelados um ao outro, pois a ideia que se busca apresentar é a de superação do antagonismo criado entre "capital e trabalho".

Por fim, o quarto tópico centra atenção nas formas de atuação e intervenção do Estado e o seu papel frente à consagração do valor social do trabalho e da livre iniciativa, especialmente no que se refere à intervenção na esfera econômica.

2.1. Breve histórico do trabalho e da livre iniciativa nas Constituições brasileiras

Desde os primórdios da civilização, o trabalho está relacionado ao homem, variando ao longo dos anos conforme a mutação da cultura e do estágio evolutivo de dada sociedade. Inicialmente, o cidadão necessitava realizar um trabalho para garantir sua sobrevivência, buscando alimentos e criando meios de se proteger dos predadores.[1]

Posteriormente, além da sobrevivência, o direito de trabalhar vinculou-se à ideia de valorização pessoal, o trabalho que antes era considerado castigo no período da escravidão evolui para uma era em que é consagrado como condicionante de dignidade, conforme traduz os ensinamentos de Evaristo de Moraes:

> Sendo o trabalho um prolongamento da própria personalidade, que se projeta no grupo em que vive o indivíduo, vinculando-o, pela própria divisão do trabalho social, aos demais que a compõem, representa essa direito, por si só, a raiz da própria existência do homem, pelo que lhe proporciona ou lhe pode proporcionar de subsistência de liberdade, de auto-afirmação e de dignidade. O direito ao trabalho é a possibilidade de vir participar cada um da produção de todos, recebendo em troca, a remuneração que lhe é devida.[2]

Assim, no decorrer da história, percebe-se uma variação na seara político-ideológica relacionada ao trabalho, sendo ele compreendido ora como castigo, ora como uma liberdade de exercer um ofício ou como uma exigência frente ao Estado, capaz de promover a dignidade humana.[3]

O direito ao trabalho assume um caráter de direito fundamental a partir da Constituição de 1988, porém, tendo em vista a longa trajetória desta relação entre o homem e o labor, merece ser resgatada uma linha histórica deste direito nas Constituições do Brasil, assim como a livre iniciativa, que se consagra através de direitos de liberdade, como será visto adiante.

A Constituição Política do Império do Brasil de 1824 foi a primeira Constituição brasileira e adotou um modelo tipicamente liberal. No seu título oitavo, denominado "Das disposições gerais, e Garantias dos Direitos Civis, e Políticos dos Cidadãos Brasileiros", o capítulo III, artigo 179, consagrou direitos e garantias individuais que permaneceram em

---

[1] FONSECA, Maria Hemília. *Direito ao trabalho*: um direito fundamental no ordenamento jurídico brasileiro. São Paulo: LTr, 2009. p. 127.

[2] MORAES, Antonio Carlos Flores de; MORAES FILHO, Evaristo. *Introdução ao direito do trabalho*. 8. ed. São Paulo: LTr, 2000. p. 674.

[3] FONSECA, Op. cit., p. 128.

todas as Constituições Brasileiras e referiu a liberdade do trabalho, não havendo a proibição de nenhum gênero de labor:

> Art. 179. A inviolabilidade dos Direitos Civis, e Politicos dos Cidadãos Brazileiros, que tem por base a liberdade, a segurança individual, e a propriedade, é garantida pela Constituição do Imperio, pela maneira seguinte:
>
> [...]
>
> XXIV. Nenhum genero de trabalho, de cultura, industria, ou commercio póde ser prohibido, uma vez que não se opponha aos costumes publicos, á segurança, e saude dos Cidadãos.[4]

Em 1889, foi proclamada a República brasileira e necessitava-se de uma nova Constituição para expressar esta forma de governo. Então, em 24 de fevereiro de 1891, foi promulgada a *Constituição da República dos Estados Unidos do Brazil*, cujo artigo 72 assegurou o direito de liberdade de trabalho.

A Constituição de 1934, a segunda republicana, foi a primeira a estabelecer direitos sociais trabalhistas no seu Título IV referente à ordem econômica e social, influenciada pela revolução de 1930, pela Constituição Mexicana (1917) e pela Constituição de Weimar (1919).[5] Esta foi a única Constituição da história brasileira a admitir a pluralidade dos sindicatos,[6] além de dispor de um rol de direitos trabalhistas no artigo 121, no qual constavam: proibição de diferença de salário para um mesmo trabalho, por motivo de idade, sexo, nacionalidade ou estado civil; salário mínimo; trabalho diário não excedente de oito horas, proibição de trabalho a menores de 14 (quatorze) anos; proibição de trabalho noturno a menores de 16 (dezesseis) anos; proibição de trabalho em indústrias insalubres a menores de 18 (dezoito) anos e a mulheres; repouso de preferência aos domingos; férias anuais remuneradas; indenização ao trabalhador dispensado sem justa causa; assistência médica e sanitária ao trabalhador e à gestante, assegurando a esta descanso antes e depois do parto, sem prejuízo do salário e do emprego; regulamentação do exercício de todas as profissões; reconhecimento das convenções coletivas, de trabalho.[7]

Já o artigo 122 da referida Constituição instituiu a Justiça do Trabalho para dirimir questões envolvendo empregados e empregadores,

---

[4] BRASIL. *Constituição Politica do Imperio do Brazil de 1824*. Disponível em: <http://www.planalto.gov.br/ccivil_03/Constituicao/Constituicao24.htm>. Acesso em: 23 mar. 2019.

[5] FONSECA, Maria Hemília. *Direito ao trabalho*: um direito fundamental no ordenamento jurídico brasileiro. São Paulo: LTr, 2009. p. 169.

[6] Art 120. Os syndicatos e as associações profissionais serão reconhecidos de conformidade com a lei. Paragrapho único. A lei assegurará a pluralidade syndical e a completa autonomia dos syndicatos. [*sic*]

[7] BRASIL. *Constituição da República dos Estados Unidos do Brasil (de 16 de Julho de 1934)*. Disponível em: <http://www.planalto.gov.br/ccivil_03/constituicao/Constituicao34.htm>. Acesso em: 23 mar. 2019.

ficando essas relações excluídas do regramento disposto no capítulo IV, Título I (denominado "Do Poder Judiciário"). Além disso, a Constituição de 1934 também consagrou no seu artigo 115 que a liberdade econômica seria garantida, desde que possibilitasse a todos a existência digna, de acordo com os princípios de justiça e as necessidades da vida nacional.[8]

Foi breve a duração da primeira Constituição social do país, pois, após pouco mais de três anos, em 10 de novembro de 1937, foi decretada por Getúlio Vargas a quarta Constituição brasileira. Na Constituição de 1937, sob a égide do Estado Novo, os direitos sociais trabalhistas estavam inseridos no título da ordem econômica, nos artigos 136 a 140.[9]

O caráter intervencionista do Estado é marcante nesta Carta, que prevê no seu artigo 136 que o trabalho é um dever social e que a todos é garantido o direito de subsistir mediante o seu trabalho honesto, cabendo ao Estado proteger o indivíduo, assegurando-lhe condições favoráveis e meios de defesa.[10]

No artigo 137, havia a previsão de direitos dos trabalhadores que devem ser observados pela legislação do trabalho, entre eles o repouso semanal aos domingos; salário mínimo; jornada de trabalho de oito horas diária; etc. Já no artigo 140 constava a determinação de que a economia da produção seria organizada em corporações, consideradas representantes da força do trabalho nacional e colocadas sob a proteção e assistência do Estado.[11]

No que se refere à livre iniciativa, a Constituição de 1937 condicionava seu exercício individual aos limites do bem público, bem como legitimava a intervenção do Estado para suprir as deficiências da iniciativa individual e coordenar os fatores da produção (artigo 135).[12]

Em 18 de setembro de 1946, foi promulgada a quinta Constituição dos Estados Unidos do Brasil sob um modelo de Estado Democrático Social. Os direitos trabalhistas se mantiveram inseridos no título referente à ordem econômica e social e merece destaque o artigo 145, que buscou equilibrar o princípio da livre iniciativa e o princípio de justiça social: "A ordem econômica deve ser organizada conforme os princípios da justiça social, conciliando a liberdade de iniciativa com

---

[8] BRASIL. *Constituição da República dos Estados Unidos do Brasil (de 16 de Julho de 1934)*. Disponível em: <http://www.planalto.gov.br/ccivil_03/constituicao/Constituicao34.htm>. Acesso em: 23 mar. 2019.

[9] STÜRMER, Gilberto. *Direito constitucional do trabalho no Brasil*. São Paulo: Atlas, 2014. p. 10.

[10] BRASIL. *Constituição dos Estados Unidos do Brasil (10 de Novembro de 1937)*. Disponível em: <http://www.planalto.gov.br/ccivil_03/constituicao/constituicao37.htm>. Acesso em: 23 mar. 2019.

[11] Idem.

[12] Idem.

a valorização do trabalho humano. A todos é assegurado trabalho que possibilite existência digna. O trabalho é obrigação social".[13]

Em 1964, diante de um cenário de crise no quadro político-institucional houve a instalação de um regime autoritário, quando as Forças Armadas tomaram o poder do país, abalando as instituições brasileiras.[14] O governo revolucionário militar queria um novo texto Constitucional, então, em 24 de janeiro de 1967, foi promulgada a sexta Constituição do Brasil.

O Texto Constitucional, ao tratar da ordem econômica e social, inovou ao referir, de forma expressa, a liberdade de iniciativa como um de seus princípios. No que se refere ao direito do trabalho, houve alteração na organização da Justiça do Trabalho, estabelecendo criação das Juntas de Conciliação e Julgamento (artigo 133, inciso III).[15] Já o Título III regulamentava a "Ordem Econômica e Social", no qual estavam inseridos direitos dos trabalhadores (artigo 158)e também as diretrizes traçadas sobre a livre iniciativa e a valorização do trabalho como condição da dignidade humana, ambas em situação de igualdade.[16]

Em 1969, os Ministros da Marinha de Guerra, do Exército e da Aeronáutica Militar, mantendo a maior parte da Constituição vigente, promulgaram a Emenda Constitucional nº 1, que acabou por causar diversas mudanças na Constituição, inclusive no tema relativo à Justiça do Trabalho e ao Direito do Trabalho, porém, a essência e a estrutura continuaram a mesma.[17]

No início dos anos 1980, aconteceu um movimento no país de redemocratização, culminando, em 1984, com as manifestações das "Diretas Já" cujo objetivo era restabelecer as eleições para Presidente da República no Brasil. Assim, em 1986, foi eleita uma assembleia constituinte com a meta de escrever uma nova Constituição de cunho democrático, de liberdade e social.[18]

---

[13] BRASIL. *Constituição dos Estados Unidos do Brasil* (18 de Setembro de 1946). Disponível em: <http://www.planalto.gov.br/ccivil_03/constituicao/constituicao46.htm>. Acesso em: 25 mar. 2019.

[14] FONSECA, Maria Hemília. *Direito ao trabalho*: um direito fundamental no ordenamento jurídico brasileiro. São Paulo: LTr, 2009. p. 177.

[15] BRASIL. *Constituição da República Federativa do Brasil de 1967*. Disponível em: <http://www.planalto.gov.br/ccivil_03/constituicao/constituicao67.htm>. Acesso em 23 mar. 2019.

[16] Art 157. A ordem econômica tem por fim realizar a justiça social, com base nos seguintes princípios: I – liberdade de iniciativa; II – valorização do trabalho como condição da dignidade humana; III – função social da propriedade; IV – harmonia e solidariedade entre os fatores de produção; V – desenvolvimento econômico; VI – repressão ao abuso do poder econômico, caracterizado pelo domínio dos mercados, a eliminação da concorrência e o aumento arbitrário dos lucros.

[17] STÜRMER, Gilberto. *Direito constitucional do trabalho no Brasil*. São Paulo: Atlas, 2014. p. 16.

[18] Idem. p. 19.

O constituinte de 1988 elegeu dentre as pedras basilares do Estado Democrático de Direito a dignidade da pessoa humana e o valor social do trabalho e da livre iniciativa como fundamento da República Federativa do Brasil, estando esses princípios intimamente ligados.

Assim, extrai-se que as ações de toda a sociedade devem buscar, além da dignidade humana, a valorização do trabalho, abrangendo todos os trabalhadores, em sentido amplo, como será abordado em maior profundidade no próximo tópico.

2.2. Considerações sobre os direitos fundamentais na Ordem Constitucional de 1988

A Constituição de 1988 foi concebida com a proposta de estabelecer um processo de mudança, de recomeçar o que já havia sido construído anteriormente e de começar novas relações, calcadas na ideia de um avanço social e de um país justo e digno. E, assim, foi chamada de Constituição-Cidadã, marcando uma nova etapa na história do país, fruto da redemocratização após o período de ditadura militar.[19]

A Constituição-Cidadã consagra em seu artigo 1° que a República Federativa do Brasil adota como sua fórmula política o "Estado Democrático de Direito",[20] tal fórmula tem a função de expressar a ideologia na qual estão assentados os valores referentes à organização e ao exercício do poder político em uma estrutura social.[21]

A proposta de instaurar um "Estado Democrático de Direito" está fundada no valor da dignidade da pessoa humana e na consagração dos "Direitos e Garantias Fundamentais" como forma de expressar o norte pelo qual deve-se orientar ao interpretar o sistema legislativo,[22] neste sentido expõe Piovesan:

> O valor da dignidade humana impõe-se como núcleo básico e informador do ordenamento jurídico brasileiro, como critério e parâmetro de valoração a orientar a interpretação e compreensão do sistema constitucional instaurado em 1988. A dignidade humana e os direitos fundamentais vêm constituir os princípios constitucionais que incorporam

---

[19] SANTOS JR., Rubens Fernando Clamer. *A eficácia dos direitos fundamentais dos trabalhadores*. São Paulo: LTr, 2010. p. 19

[20] Art. 1°. A República Federativa do Brasil, formada pela união indissolúvel dos Estados e Municípios e do Distrito Federal, constitui-se em Estado Democrático de Direito e tem como fundamentos: I – a soberania; II – a cidadania; III – a dignidade da pessoa humana; IV – os valores sociais do trabalho e da livre iniciativa; V – o pluralismo político. Parágrafo único. Todo o poder emana do povo, que o exerce por meio de representantes eleitos ou diretamente, nos termos desta Constituição

[21] VERDÚ, Pablo Lucas. *Prontuário de derecho constitucional*. Granada: Comares, 1996. p. 173.

[22] SARLET, Ingo Wolfgang. *Dignidade da pessoa humana e direitos fundamentais na Constituição Federal de 1988*. 10. ed. Porto Alegre: Livraria do Advogado, 2015. p. 27.

as exigências de justiça e dos valores éticos, conferindo suporte axiológico a todo sistema jurídico brasileiro. Na constituição de 88 esses valores passam a ser dotados de uma especial força expansiva, projetando-se por todo o universo constitucional e servindo como critério interpretativo de todas as normas do ordenamento jurídico nacional.[23]

Percebe-se que o princípio da dignidade da pessoa humana é o núcleo para a construção de um conceito material de direitos fundamentais, embora não seja o único,[24] tendo a Constituição brasileira de 1988 seguido o exemplo das Constituições portuguesa, de 1976, e espanhola, de 1978, ambas inspiradas na Constituição de Weimar, de 1919, que fez expressa menção à dignidade humana.[25]

Para Ingo Sarlet,[26] ao se consagrar expressamente o princípio da dignidade da pessoa humana como fundamento do Estado Democrático de Direito do Brasil, objetivou-se fundamentar o sentido, a finalidade e a justificação do exercício do poder estatal e do próprio Estado em si. Havia também o objetivo de reconhecer que o Estado existe em função da pessoa, e não o contrário, já que o ser humano constitui a finalidade precípua, e não meio da atividade estatal. Desta forma, o artigo 1º, inciso III, da Constituição Federal de 1988 demonstra que o princípio da dignidade da pessoa humana é uma norma jurídico-positiva de *status* constitucional e, como tal, dotada de eficácia, capaz de garantir os direitos fundamentais do cidadão.

Neste sentido, entende-se que as interpretações dos princípios constitucionais e dos direitos fundamentais deverão se dar em conformidade com o princípio da dignidade da pessoa humana, ou seja, cada ser humano deve ser respeitado na sua integralidade, de modo a ter sua dignidade protegida e amparada na sua totalidade, afinal, o ponto de partida para qualquer reflexão sobre a Constituição deve ser o homem e a sua dignidade,[27] caso contrário, estar-se-ia diante de uma afronta a todo o sistema constitucional.

Cabe, desde já, apontar que a expressão "direitos fundamentais" é largamente utilizada como sinônimo de "direitos humanos" e "direitos

---

[23] PIOVESAN, Flavia. *Temas de direitos humanos*. 7. ed. São Paulo: Saraiva, 2014. p. 531.

[24] CASTRO, Carlos Roberto Siqueira. *A Constituição aberta e os direitos fundamentais*. 2. ed. Rio de Janeiro: Forense, 2010. p. 21.

[25] MENDES, Gilmar Ferreira. A dignidade da pessoa humana na Constituição Federal de 1988 e sua aplicação pelo Supremo Tribunal Federal. *Observatório da Jurisdição Constitucional*, Brasília, a. 6, n. 2, jul./dez. 2013. Disponível em: <https://www.portaldeperiodicos.idp.edu.br/observatorio/article/view/915>. Acesso em: 22 de jan. 2010.

[26] SARLET, Ingo Wolfgang. *A eficácia dos direitos fundamentais*. 11. ed. Porto Alegre: Livraria do Advogado, 2012. p. 28.

[27] MENDES, Gilmar Ferreira. A dignidade da pessoa humana na Constituição Federal de 1988 e sua aplicação pelo Supremo Tribunal Federal. *Observatório da Jurisdição Constitucional*, Brasília, a. 6, n. 2, jul./dez. 2013. Disponível em: <https://www.portaldeperiodicos.idp.edu.br/observatorio/article/view/915>. Acesso em: 22 de jan. 2010.

do homem". Porém, a doutrina tem alertado para uma heterogeneidade das terminologias e conceitos de cada termo utilizado, sendo necessário que se faça uma distinção entre eles.[28]

Conforme os ensinamentos de Ingo Sarlet,[29] a expressão "direitos fundamentais" "se aplica para aqueles direitos do ser humano reconhecidos e positivados na esfera do direito constitucional positivo de determinado Estado", enquanto que a expressão "direitos humanos" guarda relação com os documentos de âmbito internacional, referindo-se aos conceitos jurídicos reconhecidos ao ser humano, independente da sua vinculação com a ordem constitucional de determinado país. Já a expressão "direitos do homem", para Canotilho,[30] são os "direitos válidos para todos os povos e em todos os tempos (dimensão jusnaturalista-universalista)".

Logo, os direitos humanos e direitos fundamentais estão expressa ou implicitamente positivados no ordenamento jurídico e ambos possuem como titular do direito o ser humano, porém, os primeiros são reconhecidos a qualquer pessoa, em uma amplitude supranacional,[31] guardando relação com os documentos de direito internacional, já os direitos fundamentais são aqueles constitucionalizados, protegidos pelo ordenamento constitucional interno de cada país.

Ainda, é possível afirmar que todos os direitos fundamentais são direitos humanos (afinal, o titular do direito será o ser humano), todavia, nem todos os direitos humanos são reconhecidos como direitos fundamentais, na medida em que necessitam estar positivados no plano constitucional de uma nação. Bem é verdade que grande parte das Constituições surgidas no período pós-guerra se inspiraram na Decla-

[28] SARLET, Ingo Wolfgang. *A eficácia dos direitos fundamentais*. 11. ed. Porto Alegre: Livraria do Advogado, 2012. p. 29.

[29] Idem, p. 29.

[30] CANOTILHO, José Joaquim Gomes. *Direito Constitucional*. 6. ed. Coimbra: Coimbra Editora, 1993. p. 517.

[31] Quanto à supranacionalidade, Gilmar Mendes aponta que diante de movimentos ligados à globalização se abriram fendas significativas no âmbito do Estado-nação que acabam por testar a ordem constitucional e resultam na necessidade de desenvolvimento de uma nova compreensão para entidades de integração política supranacional. Assim, a exemplo da integração ocorrida na Europa, iniciada no final da década de oitenta, na qual os Estados-Membros passaram a figurar como atores de governabilidade de um sistema descrito como um modelo "multinível", composto não somente por governos nacionais, mas também por outros atores em nível internacional ou supranacional o autor defende a flexibilização do sistema constitucional brasileiro, principalmente no que concerne aos procedimentos de incorporação dos tratados à ordem jurídica nacional. Deste modo, propõe o redimensionamento dos papéis exercidos pelos Poderes Executivo, Legislativo e Judiciário de modo a harmonizá-los com contextos tendentes à supranacionalidade, com a interação entre a ordem jurídica nacional e a comunitária por meio da instauração de um controle preventivo de constitucionalidade dos tratados e convenções internacionais e de incorporação dos tratados e convenções internacionais sobre direitos humanos. Cf. MENDES, Gilmar. A Justiça Constitucional nos contextos supranacionais. *Direito Público*, Brasília, v. 2, n. 8, jan. 2010. Disponível em: <https://www.portaldeperiodicos.idp.edu.br/direitopublico/article/view/1348/816>. Acesso em: 22 jan. 2020.

ração Universal dos Direitos Humanos de 1948,[32] o que, consequentemente, estreita a relação entre direitos humanos e fundamentais, e faz com que a temática adentre para os ordenamentos pátrios com maior importância, tal como ocorreu com a Constituição brasileira de 1988.

Os direitos fundamentais, em nível de direito constitucional positivo, têm origem no século XVIII[33] e foram construídos a partir da tríade extraída da Revolução Francesa "liberdade, igualdade e fraternidade".[34] Posta essa concepção, nas palavras de Ingo Sarlet,[35] os direitos fundamentais são "fruto de reivindicações concretas, geradas por situações de injustiça e/ou de agressão a bens fundamentais e elementares do ser humano".

É preciso apontar que, desde o reconhecimento nas primeiras Constituições, os direitos fundamentais passaram por diversas transformações. Eles estão fortemente ligados às alterações da sociedade, às mutantes necessidades básicas do ser humano, como por exemplo as mudanças decorrentes da evolução do Estado Liberal para o Estado Moderno de Direito (Estado Social e Democrático), mudanças decorrentes do processo de industrialização, impacto tecnológico e científico, processo de descolonização, etc. Estes são alguns fatores capazes de alterar o contexto social e que refletem direta ou indiretamente nos direitos fundamentais, cujo aumento na sua amplitude levou a doutrina a classificá-los em "dimensões".[36] [37]

Os direitos fundamentais estão inseridos, conforme sua ordem evolutiva, em três dimensões.[38] A primeira dimensão de direitos funda-

---

[32] SANTOS JR., Rubens Fernando Clamer. *A eficácia dos direitos fundamentais dos trabalhadores*. São Paulo: LTr, 2010. p. 23-24.

[33] Rubens Fernando Clamer dos Santos Junior, citando K. Stern, aponta que a evolução dos direitos fundamentais pode ser dividida em três etapas: uma pré-história, que se estende até o século XVI, uma fase intermediária, que compreende o período da afirmação dos direitos naturais do homem e de elaboração da doutrina jusnaturalista e uma fase de constitucionalização, com início em 1776, a partir das sucessivas declarações de direitos dos novos Estados americanos. Cf. SANTOS JR., op. cit.,. p. 26.

[34] SANTOS JR., Rubens Fernando Clamer. *A eficácia dos direitos fundamentais dos trabalhadores*. São Paulo: LTr, 2010. p. 25.

[35] SARLET, Ingo Wolfgang. *A eficácia dos direitos fundamentais*. 11. ed. Porto Alegre: Livraria do Advogado, 2012. p. 52-53.

[36] Ressalta-se que conforme ensinamentos de Ingo Sarlet a nomenclatura adequada para representar a evolução dos direitos fundamentais é de "dimensões", e não de "gerações", pois há o reconhecimento progressivo de novos direitos fundamentais, com a ideia de cumulatividade, e não de superação ou alternância destes como parece expressar o termo "geração". Portanto, percebe-se que a ideia central da classificação é demonstrar que não se trata de superação de direitos fundamentais, mas sim de processo de complementariedade e de expansão. Cf. SARLET, op. cit., p. 45.

[37] Idem, p. 39.

[38] A presente pesquisa apresenta as três dimensões dos direitos fundamentais apontadas por Ingo Sarlet, mas ressalta-se que o próprio autor reconhece que para alguns doutrinadores há a existência de quarta e até de quinta dimensão de direitos. Idem, p. 45.

mentais possui uma característica individualista, surgindo como direitos do indivíduo frente ao Estado, que demarcam uma não intervenção Estatal e certa autonomia individual em face do seu poder. São conhecidos como direitos de cunho "negativo", pois, exigem uma abstenção por parte do poder público.[39]

No âmago dos direitos de primeira dimensão estão consagrados o direito à vida, à liberdade, à propriedade, à igualdade perante a lei. Destaca-se que um leque de direitos à liberdade está inserido nesta dimensão, como, por exemplo, a liberdade de expressão, de imprensa, de manifestação, de associação, etc., além dos referentes à participação política, como o direito ao voto e a capacidade eleitoral passiva. Isto posto, pode-se afirmar que se trata de uma dimensão em que estão incluídos direitos civis e políticos de uma fase inicial do constitucionalismo ocidental e que continuam consagrados nas Constituições atuais, apesar de possíveis alterações nos seus conteúdos e significados.[40]

Os direitos fundamentais de segunda dimensão surgem no decorrer do século XIX, sofrendo influência dos impactos da industrialização e dos graves problemas sociais e econômicos do período.[41] José Adércio Sampaio[42] aborda em sua obra que esses direitos fundamentais decorrem da consequente organização do movimento da classe trabalhadora, sob influência das ideias marxistas que levaram à Revolução Russa sua proposta de uma sociedade comunista planetária.

É a partir do século XX, especialmente nas Constituições do segundo pós-guerra, que os direitos fundamentais de segunda dimensão se consagram em maior número, inclusive sendo objeto de diversos pactos internacionais. Uma característica distintiva dos direitos desta dimensão é a reivindicação por um comportamento mais ativo por parte do Estado na realização de justiça social.[43] A ideia aqui está baseada nos direitos dos cidadãos de obterem prestações sociais pelo Estado, como assistência social, saúde, educação, trabalho, etc.[44]

Ingo Sarlet[45] ressalta que esta dimensão de direitos não engloba somente os direitos de cunho "positivo", mas também as denominadas "liberdades sociais", que são representadas, por exemplo, pela

---

[39] SARLET, Ingo Wolfgang. *A eficácia dos direitos fundamentais*. 11. ed. Porto Alegre: Livraria do Advogado, 2012. p. 47.

[40] Idem, p. 47.

[41] Idem, p. 47.

[42] SAMPAIO, José Adércio. *Direitos fundamentais: retórica e historicidade*. Belo Horizonte: Del Rey, 2004. p. 261.

[43] SARLET, op. cit., p. 47.

[44] SANTOS JR., Rubens Fernando Clamer. *A eficácia dos direitos fundamentais dos trabalhadores*. São Paulo: LTr, 2010. p. 28.

[45] SARLET, op. cit., p. 48.

liberdade de sindicalização, direito de greve, e reconhecimento de direitos fundamentais aos trabalhadores (férias, salário mínimo, repouso semanal remunerado, dentre outros).

Assim, pode-se afirmar que a segunda dimensão de direitos está abarcando os direitos de natureza prestacional por parte do Estado, os direitos sociais, culturais e econômicos,[46] e possui na essência da sua criação a busca da equiparação entre capital e trabalho e a compensação das desigualdades existentes entre a classe operária e a empregadora.[47]

A terceira dimensão de direitos fundamentais é conhecida pelos direitos de fraternidade ou de solidariedade, sendo que a sua nota distintiva é o fato de se desprenderem, em princípio, da figura do homem enquanto indivíduo como seu titular, pois sua proteção se dá em uma amplitude mais abrangente, destina-se à proteção de grupos humanos (família, povo, nação), ou seja, se caracteriza como direitos cuja titularidade é coletiva ou difusa.[48]

Esses direitos cuja titularidade é da coletividade, (que muitas vezes é indefinida e indeterminável), podem ser identificados com as expressões de direito à paz, à comunicação, à conservação e à utilização do patrimônio histórico e cultural, a autodeterminação dos povos, bem como ao direito ao meio ambiente e à qualidade de vida.[49]

Os referidos direitos fundamentais buscam atender às novas necessidades da sociedade que emergem a partir da revolução tecnológica, dos conflitos e das guerras que assombram o mundo.[50] Quanto à sua positivação, ainda é tímido o reconhecimento nas ordens constitucionais, porém, no âmbito do direito internacional está em fase de consagração, havendo número considerável de tratados e outros documentos transnacionais nesta seara.[51] [52]

---

[46] SANTOS JR., Rubens Fernando Clamer. *A eficácia dos direitos fundamentais dos trabalhadores*. São Paulo: LTr, 2010. p. 28.

[47] SARLET, Ingo Wolfgang. *A eficácia dos direitos fundamentais*. 11. ed. Porto Alegre: Livraria do Advogado, 2012. p. 48.

[48] Idem, p. 48.

[49] SANTOS JR., op. cit., p. 29.

[50] Idem, p. 29.

[51] SARLET, op. cit., p. 49.

[52] O fenômeno da "economia do compartilhamento" que representa uma mudança na sociedade seja na forma de consumir ou de utilizar bens, valendo-se da utilização da tecnologia e em especial da internet (conforme será visto no capítulo três desta pesquisa), parece possuir no seu âmago a ideia de compartilhamento, de coletividade, de multidão, o que representa uma aproximação com os direitos fundamentais de terceira dimensão. Porém, ao se pensar nas relações de trabalho decorrentes da economia do compartilhamento, pensa-se ter uma "mistura" de dimensões, tendo em vista que o trabalho (tradicional) está inserido nos direitos fundamentais ditos de segunda dimensão, o que é possível já que as dimensões não se excluem, elas se complementam e expandem direitos. O que se objetiva com esta reflexão é demonstrar que o trabalho existente no século

Para alguns autores, como Paulo Bonavides,[53] pode-se falar ainda em uma quarta dimensão de direitos fundamentais. Neste sentido, o autor expõe que: "A globalização política na esfera da normatividade jurídica introduz os direitos de quarta geração, que, aliás, correspondem à derradeira fase de institucionalização do Estado social". Os direitos dessa dimensão seriam relativos à democracia, à informação, ao pluralismo e assim como os direitos de terceira dimensão, ainda não se encontram positivados no sistema constitucional, porém, representam, nas palavras de Santos Junior,[54] "uma esperança de futuro melhor para os povos, pois somente com eles será possível a globalização política (democracia globalizada) e a liberdade de todos os povos".

Pode-se perceber que as diversas dimensões são marcadas pela evolução do processo de reconhecimento e pela afirmação dos direitos fundamentais, sendo eles possivelmente mutáveis, conforme as adequações e necessidades da sociedade.[55] Diante desta afirmação e do abordado até o presente momento, justifica-se a inserção deste capítulo na presente pesquisa, pois, no âmago do problema que foi proposto, encontra-se o direito fundamental ao trabalho, merecendo este ser interpretado conforme as possíveis mutações sociais enfrentadas pelo mundo, especialmente com o advento das novas Tecnologias na Informação e Comunicação (TICs).

Sobre a evolução dos direitos fundamentais, dispõe Ingo Sarlet:

> [...] na esfera do direito constitucional interno, esta evolução se processa habitualmente não tanto por meio da positivação destes "novos" direitos fundamentais no texto das Constituições, mas principalmente em nível de uma transmutação hermenêutica e da criação jurisprudencial, no sentido do reconhecimento de novos conteúdos e funções de alguns direitos já tradicionais. [56]

Assim, o trabalho, enquanto direito social, apesar de consagrado como um direito fundamental inserido na segunda dimensão, dadas as alterações da vida em sociedade, merece ser revisitado e interpretado de forma que efetivamente alcance o objetivo introduzido pelo constituinte ao afirmar ser este um direito fundamental garantido aos cidadãos brasileiros. Necessário, então, no próximo tópico tratar com uma

---

passado e consagrado no ordenamento jurídico, especialmente na modalidade de emprego, é diferente do trabalho da modernidade, especialmente no que diz respeito a economia do compartilhamento, tanto é assim, que parecem clamar por dimensões diferentes de direitos fundamentais.

[53] BONAVIDES, Paulo. *Curso de direito constitucional*. 13. ed. São Paulo: Malheiros, 2003. p. 571.

[54] SANTOS JR., Rubens Fernando Clamer. *A eficácia dos direitos fundamentais dos trabalhadores*. São Paulo: LTr, 2010. p. 30.

[55] SARLET, Ingo Wolfgang. *A eficácia dos direitos fundamentais*. 11. ed. Porto Alegre: Livraria do Advogado, 2012. p. 50.

[56] Idem, p. 51.

maior minúcia os dispositivos constitucionais relativos às relações de trabalho.

2.2.1. *O valor social do trabalho e o trabalho enquanto direito fundamental*

Como se viu anteriormente, os direitos fundamentais são os direitos humanos positivados constitucionalmente, sendo a Constituição Federal um sistema normativo formado por princípios e regras. No *Título I* da Constituição Federal da República brasileira de 1988 estão consagrados os princípios fundamentais, estes entendidos como um referencial hermenêutico de interpretação do sistema jurídico.[57]

Assim, antes de adentrar especificamente no tema aqui proposto, faz-se imprescindível apresentar a teoria proposta por Robert Alexy, referente à "forte distinção" entre princípios e regras. Para ele, tanto regras quanto princípios são "normas" jurídicas, afinal elas pertencem ao mesmo mundo deontológico e são capazes de expressar um "dever-ser" em forma de mandato, permissão ou proibição. Assim, pode-se afirmar que se trata de uma distinção de caráter estrutural entre regras e princípios.[58]

A partir da ideia de distinção entre regras e princípios, Alexy aponta a existência dos "mandamentos de otimização" que buscam demonstrar a imposição de formas distintas de aplicação:

> O ponto decisivo na distinção entre regras e princípios é que *princípios* são normas que ordenam que algo seja realizado na maior medida possível dentro das possibilidades jurídicas e fáticas existentes. Princípios são, por conseguinte, *mandamentos de otimização*, que são caracterizados por poderem ser satisfeitos em graus variados e pelo fato de que a medida devida de sua satisfação não depende somente das possibilidades jurídicas. O âmbito das possibilidades jurídicas é determinado pelos princípios e regras colidentes.
>
> Já as *regras* são normas que são sempre ou satisfeitas ou não satisfeitas. Se uma regra vale, então, deve se fazer exatamente aquilo que ela exige; nem mais, nem menos. Regras contêm, portanto, *determinações* no âmbito daquilo que é fática e juridicamente possível. Isso significa que a distinção entre regras e princípios é uma distinção qualitativa, e não uma distinção de grau. Toda norma é ou uma regra ou um princípio.[59]

Portanto, vislumbra-se que a teoria apresentada diz que os princípios atuam como mandados de otimização contendo uma ordem vinculante para que os órgãos estatais, até mesmo o Poder Judiciário,

[57] SANTOS JR., Rubens Fernando Clamer. *A eficácia dos direitos fundamentais dos trabalhadores*. São Paulo: LTr, 2010. p. 30.

[58] ALEXY, Robert. *Teoria dos direitos fundamentais*. 5. ed. Tradução de Virgílio Afonso da Silva. São Paulo: Malheiros, 2008. p. 83.

[59] Idem, p. 90-91.

maximizem e otimizem a eficácia e efetividade das chamas normas--princípio.

Assim, comungando-se do entendimento de Santos Junior,[60] "conclui-se que os princípios fundamentais servem de parâmetro para sustentar a fundamentalidade material de um determinado direito, em especial com base no princípio da dignidade da pessoa humana".

Compreendida a distinção entre princípios e regras, possível afirmar que o sistema brasileiro possui suas diretrizes baseadas na íntima relação entre os princípios e os direitos fundamentais que convergem suas forças para a implantação do que chama de democracia social.[61]

O artigo 1° da Constituição Federal da República de 1988 traz o trabalho como princípio destacado:

> Art. 1º. A República Federativa do Brasil, formada pela união indissolúvel dos Estados e Municípios e do Distrito Federal, constitui-se em Estado Democrático de Direito e tem como fundamentos:
>
> [...]
>
> IV – os valores sociais do trabalho e da livre iniciativa;

Percebe-se que o trabalho como valor social é um dos princípios fundamentais que visa a nortear o país. Observa-se também que o trabalho está inserido no texto constitucional exatamente ao lado do princípio da livre iniciativa, o que significa dizer que ambos podem e devem "caminhar juntos", sem a necessidade de se enaltecer a dicotomia entre "capital-trabalho".[62]

Destaca-se que o princípio fundamental redigido no inciso IV do artigo 1° da Constituição Federal se refere ao direito ao trabalho, o que não é idêntico ao direito do trabalho: o primeiro está inserido tanto no âmbito dos direitos humanos quanto no âmbito dos direitos fundamentais sociais,[63] já o direito do trabalho está apoiado em normas constitucionais e infraconstitucionais, que estabelecem um padrão de regulação ao assalariamento, de proteção à saúde do trabalhador, limite de jornadas de labor etc.[64]

O direito fundamental ao trabalho constitui um direito primeiro, com normatividade própria e que se desdobra em norma específica assegurada ao trabalhador assalariado. Como desdobramento do direito

---

[60] SANTOS JR., Rubens Fernando Clamer. *A eficácia dos direitos fundamentais dos trabalhadores*. São Paulo: LTr, 2010. p. 33.

[61] Idem, p. 34.

[62] STÜRMER, Gilberto. *Direito constitucional do trabalho no Brasil*. São Paulo: Atlas, 2014. p. 23.

[63] Idem, p. 23.

[64] WANDELLI, Leonardo Vieira. *O direito humano e fundamental ao trabalho*: fundamentação e exigibilidade. São Paulo: LTr, 2012. p. 222.

fundamental ao trabalho, podem-se citar as normas contidas no artigo 7º da Constituição Federal.[65]

O direito fundamental ao trabalho é, portanto, mais amplo e estruturalmente mais diversificado, sendo que o seu titular é, em princípio, qualquer pessoa, pois, ao titular deste direito é assegurado fundamentalmente o direito ao trabalho. Todavia, quando se fala em direito do trabalho, a proteção se dá, geralmente, em um âmbito de relação de trabalho sob dependência (emprego).[66]

Assim, entende-se o direito ao trabalho como primeiro direito humano e fundamental, devendo as demais normas serem interpretadas levando em consideração este princípio consagrado entre os direitos que norteiam a ordem constitucional democrática e social instituída na nação.

Além de prever no seu Título I os "Princípios Fundamentais", estando entre estes princípios o valor social ao trabalho, a Constituição Federal de 1988 foi a primeira a prever um título específico para os chamados direitos e garantis fundamentais (Título II), em que foram consagrados direitos sociais (Capítulo II), dentre estes há a previsão de direito ao trabalho e também extenso rol de direitos dos trabalhadores.

Então, o Capítulo II do Título II da Constituição Federal aborda os direitos sociais, que são direitos fundamentais, sendo que dentre eles estão os previstos no seu artigo 6º:

> São direitos sociais a educação, a saúde, a alimentação, o trabalho, a moradia, o transporte, o lazer, a segurança, a previdência social, a proteção à maternidade e à infância, a assistência aos desamparados, na forma desta Constituição.[67]

Nas palavras de Gilberto Stürmer,[68] os "Direitos Sociais, são, portanto, direitos fundamentais a serem implementados pelo Estado na busca do equilíbrio e da justiça social" e consequentemente, afirma-se que o trabalho é um princípio de valor social (artigo 1º, inciso VI, da CF) e um direito social fundamental (artigo 6º, CF). Percebe-se que novamente o constituinte, no artigo 6º, está-se referindo a um direito ao trabalho, e não direito do trabalho.

Além da previsão constitucional, o direito ao trabalho se encontra consagrado na Declaração Universal dos Direitos Humanos, da Assem-

---

[65] WANDELLI, Leonardo Vieira. *O direito humano e fundamental ao trabalho*: fundamentação e exigibilidade. São Paulo: LTr, 2012. p. 224.

[66] Idem, p. 224.

[67] BRASIL. *Constituição da República Federativa do Brasil de 1988*. Disponível em: <http://www.planalto.gov.br/ccivil_03/constituicao/constituicao.htm>. Acesso em: 25 mar. 2019.

[68] STÜRMER, Gilberto. *Direito constitucional do trabalho no Brasil*. São Paulo: Atlas, 2014. p. 27.

bleia Geral das Nações Unidas de 10 de dezembro de 1948,[69] que dispõe que toda pessoa tem direito ao trabalho, à livre escolha de emprego, a condições justas e favoráveis de trabalho e à proteção contra o desemprego, o que o consagra, além de um direito fundamental social, um direito humano.

Em tal documento se observa que o seu texto expressa, em primeiro lugar, a proteção ao direito ao trabalho e, posteriormente, a livre escolha de emprego, ou seja, reforça o argumento até aqui apresentado, de que a proteção maior se dá no âmbito do direito ao trabalho, prevalecendo este em detrimento da proteção ao direito do trabalho, no sentido do trabalho subordinado.

Demonstrada a consagração constitucional do direito ao trabalho, em sentido amplo, faz-se agora, a exposição da consagração do direito do trabalho, que representa a regulação dos limites e condições ao trabalho.[70] Esta disciplina está prevista no artigo 7º da Constituição Federal, sendo o texto do seu *caput*: "São direitos dos trabalhadores urbanos e rurais, além de outros que visem à melhoria de sua condição social: [...]".[71]

Denota-se que o mencionado artigo 7º dispõe sobre direitos específicos de dois regimes jurídicos distintos: os trabalhadores urbanos, regidos pela Consolidação das Leis do Trabalho, e os trabalhadores rurais, regidos pela Lei nº 5.889, de 1973, além de englobar a categoria dos domésticos[72] e dos servidores ocupantes de cargo público.[73]

Sendo assim, a expressão "trabalhadores" é gênero das diversas espécies de prestadores de trabalho, sendo a mais conhecida delas o "empregado" que, nos termos do artigo 3º da CLT, consiste naquela pessoa que presta serviço de natureza não eventual a empregador, sob a dependência deste e mediante salário.[74] Outros exemplos de espécie do gênero trabalho podem ser os autônomos, profissionais liberais, trabalhadores eventuais, enfim, todos aqueles que se encaixam no concei-

---

[69] DECLARAÇÃO UNIVERSAL DOS DIREITOS HUMANOS. [*S.l.*], ago. 2009. Disponível em: <https://nacoesunidas.org/wp-content/uploads/2018/10/DUDH.pdf>. Acesso em: 09 abr. de 2019.

[70] STÜRMER, Gilberto. *Direito constitucional do trabalho no Brasil*. São Paulo: Atlas, 201414. p. 28.

[71] BRASIL. *Constituição da República Federativa do Brasil de 1988*. Disponível em: <http://www.planalto.gov.br/ccivil_03/constituicao/constituicao.htm>. Acesso em: 25 mar. 2019.

[72] O parágrafo único do artigo 7º da CF refere quais são os incisos do referido artigo que se aplicam aos trabalhadores domésticos. A Lei que disciplina a categoria é a Lei Complementar nº 150 de 2015.

[73] O artigo 39, § 3º, da CF, dispõe sobre os direitos previstos no artigo 7º que se aplicam aos mesmos.

[74] STÜRMER, op. cit., p. 28.

to de trabalhador como se refere Cesarino Junior[75]: "devemos entender por trabalhador – todo indivíduo que necessita do produto do seu trabalho para poder viver e fazer viver a sua família.".

Por fim, além do princípio do valor social do trabalho, do direito fundamental social do trabalho e dos direitos do trabalhador previstos constitucionalmente, a Constituição-Cidadã prevê no seu Título VII os dispositivos que compõem a "Ordem Econômica e Financeira", e a compreensão deste Título é de suma importância, pois, juntamente com o que foi exposto até o presente momento, compõe a base legislativa fundamental para analisar as hipóteses de resolução do problema proposto com esta pesquisa.

2.3. A livre iniciativa enquanto fundamento da República Federativa do Brasil e da ordem econômica

No primeiro tópico, buscou-se apresentar como estavam consagrados o trabalho e a livre iniciativa nas Constituições brasileiras anteriores a 1988. Porém, cabe destacar que a origem da defesa da livre iniciativa econômica remonta à época em que o mercado era regulado pelos estatutos das corporações de ofício.[76]

Após um início de sistema de mercado com ideias baseadas na liberdade de iniciativa, surgiu uma série de leis com objetivo de parar as propostas econômicas impostas pelos estatutos medievais. A primeira delas foi o édito do *Turgot*, de 1776, onde estava consagrado o princípio da liberdade de iniciativa. Em seguida, a livre iniciativa foi reafirmada no decreto *d'Allarde*, de 1791, que ordenava que a realização de qualquer negócio ou exercício de qualquer profissão, arte ou ofício seria livre a qualquer pessoa, desde que esta se provesse previamente de uma "patente" (imposto direto), bem como pagasse as taxas exigíveis e se sujeitasse aos regulamentos de polícia. Ainda em 1791, foi criado o decreto denominado como Lei *Le Chapelier*, que reiterou princípio da livre iniciativa ao proibir todas as espécies de corporações de ofício.[77]

No início do século XVIII, desenvolveu-se pela Europa a instauração do liberalismo econômico e político, e então, concebidos os direitos fundamentais de primeira dimensão que, como visto anteriormente,

---

[75] CESARINO JR., Antonio Ferreira. *Direito social brasileiro*. São Paulo: Freitas Bastos, 1957, v. 1. p. 39.

[76] GARCIA, Ricardo Lupion; TAVARES, Claudio Kaminski. Livre iniciativa: considerações sobre o seu sentido e alcance no Direito brasileiro. *Revista Acadêmica UFPE*, Recife, v. 88, n. 1, jan./jun. 2016. Disponível em: <https://periodicos.ufpe.br/revistas/ACADEMICA/article/view/2084/2930>. Acesso em: 14 abr. 2019.

[77] Idem.

são direitos do indivíduo frente ao Estado, ou seja, de uma não intervenção Estatal, e dentro desta dimensão de direitos que se insere o direito à livre iniciativa.[78]

Apesar desta consagração da livre iniciativa se dar em abrangência internacional, especialmente em uma época de desenvolvimento do Estado Liberal, é possível observar que ao longo da história o papel do Estado diante dos indivíduos e dos movimentos econômicos adotados foi sofrendo alterações, e consequentemente, o papel e a força dada à livre iniciativa também muda.

Mas, desde já, importante ressaltar que o desenvolvimento da livre iniciativa no âmbito nacional ocorre de forma mais tardia, tanto que a sua previsão na Constituição brasileira só ocorre em 1934. Após, todos os textos constitucionais brasileiros consagraram a liberdade de iniciativa em alguma medida. E a partir do século XX, o constituinte brasileiro a tratou como um princípio constitucional (art. 170 da CF) e como fundamento da República Federativa do Brasil (art. 1°, inciso IV, da CF).

A Constituição de 1988 apresenta um sistema econômico capitalista, em que os fatores de produção são detidos pelos agentes privados, que deles dispõem e podem deles se valerem para a obtenção de lucro,[79] ou seja, a adoção da livre iniciativa como fundamento da República Federativa e da ordem econômica significa dizer que o país adota uma forma de produção capitalista. Mas, conforme já referido, a Constituição de 1988 possui sua essência baseada no Estado Democrático Social de Direito, o que significa dizer que não se pode perder de vista a compreensão de uma Constituição Econômica voltada à celebração da dignidade da pessoa humana e da justiça social.

Assim, a Constituição Federal de 1988 estabelece, já no seu artigo 1°, inciso VI, que possui como dois de seus fundamentos a livre iniciativa e valorização do trabalho humano, e ainda, estabelece, no artigo 170 da CF,[80] que a ordem econômica nacional está fundada nos mesmos dois princípios, ou seja, livre iniciativa e valorização do trabalho humano.

---

[78] GARCIA, Ricardo Lupion; TAVARES, Claudio Kaminski. Livre iniciativa: considerações sobre o seu sentido e alcance no Direito brasileiro. *Revista Acadêmica UFPE*, Recife, v. 88, n. 1, jan./jun. 2016. Disponível em: <https://periodicos.ufpe.br/revistas/ACADEMICA/article/view/2084/2930>. Acesso em: 14 abr. 2019.

[79] MOREIRA, Egon Bockmann. Os princípios constitucionais da atividade econômica. *Revista da Faculdade de Direito UFPR*, Curitiba, v. 45, n. 0, p. 103-111, 2006. Disponível em: <https://revistas.ufpr.br/direito/article/view/8751/6577>. Acesso em: 11 abr. 2019.

[80] Art. 170. A ordem econômica, fundada na valorização do trabalho humano e na livre iniciativa, tem por fim assegurar a todos existência digna, conforme os ditames da justiça social, observados os seguintes princípios [...]

Para Luís Roberto Barroso, esses dois princípios subsidiam toda a ação no âmbito do Estado e devem servir de base para a interpretação das normas constitucionais e infraconstitucionais:

> [...] correspondem a decisões políticas fundamentais do constituinte originário e, por essa razão, subordinam toda a ação no âmbito do Estado, bem como a interpretação das normas constitucionais e infraconstitucionais. A ordem econômica, em particular, e cada um de seus agentes – os da iniciativa privada e o próprio Estado – estão vinculados a esses dois bens: a valorização do trabalho {e, *afortiori*, de quem trabalha,] e a livre iniciativa de todos – que, afinal, também abriga a idéia de trabalho –, espécie do gênero liberdade humana. [81]

Quanto à valorização do trabalho, entende-se que todos os indivíduos têm direito ao trabalho, conforme já exposto no tópico anterior, desde que o trabalho seja digno e adequado, ou seja, proibido o trabalho que implique em degradação do ser humano (como situações vexatórias, por exemplo) e o trabalho escravo, que inclusive é crime.[82]

No que se refere ao princípio da livre iniciativa, tem-se que no seu núcleo se encontra a ideia de liberdade, como a liberdade de empresa, livre concorrência, liberdade de contratar, liberdade de profissão etc. Neste sentido, aponta Eros Grau[83] que "Dela – da livre iniciativa – se deve dizer, inicialmente, que expressa desdobramento da liberdade.", portanto, no próximo tópico se abordará o instituto da liberdade insculpido na livre iniciativa.

2.3.1. *Liberdade como cerne do princípio da livre iniciativa*

A livre iniciativa é uma expressão da ideia global de liberdade e faz parceria com outros princípios constitucionais relevantes, como o da legalidade e o da autonomia da vontade.[84] A liberdade, como já visto, apresenta-se como um direito fundamental de primeira dimensão, enquadrada na categoria do *status* negativo (de abstenção), pela qual se permite aos indivíduos a oposição diante das ingerências ilegítimas do Estado. Já a autonomia privada pode ser entendida como a capacidade do indivíduo de determinar o seu comportamento individual e

---

[81] BARROSO, Luís Roberto. A ordem econômica constitucional e os limites à atuação estatal no controle de preços. *Revista de Direito Administrativo*, Rio de Janeiro, v. 226, p. 187-212, out. 2001. ISSN 2238-5177. Disponível em: <http://bibliotecadigital.fgv.br/ojs/index.php/rda/article/view/47240>. Acesso em: 11 abr. 2019.

[82] MOREIRA, Egon Bockmann. Os princípios constitucionais da atividade econômica. *Revista da Faculdade de Direito UFPR*, Curitiba, v. 45, n. 0, p. 103-111, 2006. Disponível em: <https://revistas.ufpr.br/direito/article/view/8751/6577>. Acesso em: 11 abr. 2019.

[83] GRAU, Eros Roberto. *A ordem econômica na Constituição de 1988*. 11. ed. São Paulo: Malheiros, 2006. p. 201.

[84] BARROSO, Luís Roberto. *Estado e livre iniciativa na experiência constitucional brasileira*. [*S.l.*], 2014. Disponível em: <http://www.luisrobertobarroso.com.br/wp-content/uploads/2014/04/Estado-e-Livre-iniciativa_versao-final_11abr2014.pdf>. Acesso em: 13 abr. 2019.

figura como um dos principais componentes do direito fundamental à liberdade.[85]

Tendo em seu cerne a ideia de liberdade, a livre iniciativa, nas palavras de Barroso,[86] "transcende uma dimensão puramente econômica, significando que a regra geral, em todos os domínios, é que as pessoas sejam livres para suas escolhas existenciais, profissionais, filantrópicas, de lazer etc.", ou seja, não cabe ao Estado ordenar onde um indivíduo vai morar, qual profissão vai seguir, o que vai fazer com o seu dinheiro ou a quem vai ajudar ou deixar de ajudar.

Neste mesmo sentido, Tavares[87] dispõe que a livre iniciativa consagrada constitucionalmente não se restringe apenas à liberdade de iniciativa econômica, pois esta é apenas uma de suas dimensões. Assim, a leitura que deve ser feita é no seu sentido amplo, compreendendo tanto a liberdade econômica, liberdade de desenvolvimento das empresas e também as demais formas de organização econômica, individuais e coletivas (art. 5º, XVIII, art. 174, §§ 3º e 4º, todos da Constituição Federal), como as cooperativas e a própria liberdade contratual e comercial.

O mesmo autor ensina ainda que a livre iniciativa possui uma conotação normativa positiva, no sentido de garantia da liberdade a qualquer cidadão, e uma conotação negativa, que impõe a não intervenção Estatal, sendo que esta só pode se configurar mediante atividade legislativa, desde que respeitados os demais postulados constitucionais, não podendo, por óbvio, anular ou inutilizar o conteúdo mínimo da livre iniciativa.[88]

Parece claro que o artigo 170 da Constituição Federal não define com precisão a extensão e os limites do intervencionismo Estatal, o que para Garcia e Tavares[89] significa dizer que "a exata medida em que os princípios da livre iniciativa e da justiça social devem conviver é deixada ao trabalho interpretativo do aplicador do Direito" e, em consequência desta abrangência, a doutrina nacional adota diferentes posições.

---

85 LEITE, Marcelo Lauar. Descortinando um direito fundamental: notas sobre a livre iniciativa. *Revista Digital Constituição e Garantia de Direitos*, v. 6, n. 02, 15 set. 2014. Disponível em: <https://periodicos.ufrn.br/constituicaoegarantiadedireitos/article/view/5795>. Acesso em: 13 abr. 2019.

86 BARROSO, Luís Roberto. *Estado e livre iniciativa na experiência constitucional brasileira*. [*S.l.*], 2014. Disponível em: <http://www.luisrobertobarroso.com.br/wp-content/uploads/2014/04/Estado-e-Livre-iniciativa_versao-final_11abr2014.pdf>. Acesso em: 13 abr. 2019.

87 TAVARES, André Ramos. *Direito constitucional econômico*. 3. ed. São Paulo: Método, 2011. p. 235.

88 Idem, p. 235.

89 GARCIA, Ricardo Lupion; TAVARES, Claudio Kaminski. Livre iniciativa: considerações sobre o seu sentido e alcance no Direito brasileiro. *Revista Acadêmica UFPE*, Recife, v. 88, n. 1, jan./jun. 2016. Disponível em: <https://periodicos.ufpe.br/revistas/ACADEMICA/article/view/2084/2930>. Acesso em: 14 abr. 2019.

Para Eros Grau,[90] o preceito expresso no art. 1° enuncia, como fundamento da República Federativa do Brasil, o valor social do trabalho e o valor social da livre iniciativa. Portanto, a livre iniciativa não deve ser compreendida como expressão individualista, mas sim no quanto expressa de socialmente valioso, ou seja, uma interpretação de livre iniciativa a partir do valor social do trabalho.[91]

Adepto de uma concepção teleológica da livre iniciativa, Egon Bockmann Moreira[92] refere que a interpretação deve considerar a livre iniciativa exercida e desenvolvida segundo os parâmetros da justiça social e com intuito de atender às exigências da existência digna do ser humano, posto que o princípio da livre iniciativa deve ser lido juntamente com os demais princípios conformadores do texto constitucional, ou seja, a livre iniciativa encontra os seus limites no alcance da dignidade humana e na justiça social.

Para Luciano Timm,[93] a livre iniciativa é uma extensão da liberdade humana, e, portanto, é um direito fundamental. Ainda, "a livre iniciativa (e a livre concorrência) são a base do mecanismo de funcionamento do mercado e por isso deve ser o princípio condição dos demais princípios constitucionais". Isso, segundo o autor, significa uma liberdade de atuar e de participar do mercado, seja produzindo, vendendo ou adquirindo bens e serviços, ou, ainda, alienando sua força de trabalho, uma vez que a livre iniciativa estabelece, *a priori*, uma liberdade econômica que antecede a sua regulação pelo Estado.

Interessante destacar o posicionamento de Timm,[94] com o qual se comunga, sobre a crença de que os aspectos econômicos não devem ser tratados de forma secundária frente aos conceitos de "humanização" ou de "sociabilização", caso contrário, estar-se-ia desconsiderando o caráter de direito individual fundamental da livre iniciativa. Como já foi afirmado anteriormente, entende-se adequado o posicionamento que compreende que tanto capital quanto o trabalho devem "caminhar lado a lado" sem serem postos em rivalidade, ou seja, o valor social do

---

[90] GRAU, Eros Roberto. *A ordem econômica na Constituição de 1988*. 11. ed. São Paulo: Malheiros, 2006. p. 206.

[91] Eros Grau dispõe em sua obra: "Daí por que o art. 1° do texto constitucional – de um lado – enuncia como fundamento da República Federativa do Brasil o *valor social* e não as virtualidades individuais da livre iniciativa e – de outro – o seu art. 170, *caput* coloca lado a lado *trabalho humano* e *livre iniciativa*, curando contudo no sentido de que o primeiro seja valorizado". Cf. GRAU, op. cit., p. 206.

[92] MOREIRA, Egon Bockmann. Reflexões a propósito dos princípios da livre iniciativa e da função social. *Revista de Direito Público da Economia*, Belo Horizonte, n. 16, p. 27-42, out./dez. 2006.

[93] TIMM, Luciano Benetti. O direito fundamental à livre iniciativa: na teoria e na prática institucional brasileira. *Revista da Ajuris*, Porto Alegre, v. 106, p. 107-124, 2007.

[94] Idem.

trabalho e a livre iniciativa estão postos em mesmo nível na Constituição Federal, pois assim devem ser interpretados.

Neste sentido, a separação ontológica entre economia e sociedade não se faz absoluta, tendo em vista que as relações econômicas acontecem dentro de uma sociedade, ou seja, uma depende da outra, sendo que dentro de um sistema social o subsistema econômico tem o papel de produzir riquezas, e assim, a economia atende a uma função social: geração de riqueza, para que se possa ter condições materiais de gerar a riqueza social.

Assim, acredita-se que, havendo um bom funcionamento do sistema econômico, este deve gerar mais resultado, e através de mecanismos redistributivos adequados, dentro do sistema capitalista adotado constitucionalmente, as políticas públicas e governamentais devem prever investimentos orçamentários em saúde, educação, lazer, trabalho, etc., ou seja, buscar atingir os objetivos sociais constitucionais.[95]

No mesmo sentido, Garcia e Tavares expõem que:

> [...] a valorização da liberdade econômica no texto constitucional se justifica não só pela adoção do modo de produção capitalista, mas porque a liberdade de iniciativa econômica é uma expressão da dignidade da pessoa humana e sua defesa se justifica não só na necessidade de garantir a existência de condições materiais mínimas para o acesso ao mercado, mas também porque possui caráter emancipatório, que reclama, inclusive, a criação de mecanismos de incentivo e estímulo por parte do Estado. Não obstante, restou nítido que além de figurar como fundamento da ordem econômica, a livre iniciativa também deve ser considerada princípio político constitucional conformador e direito fundamental.[96]

Como visto, a livre iniciativa é um princípio fundamental do Estado brasileiro e também um princípio geral da ordem econômica, o que significa afirmar que se optou por um regime de economia de mercado – que gravita em torno da lei da oferta e da procura – e não de uma economia planificada, em que os agentes econômicos são obrigados a seguir as diretrizes Estatais.[97] Portanto, apesar de algumas divergências de posicionamentos no que se refere à extensão e aplicação da livre iniciativa, inegável que se verifique o caráter de liberdade atribuída ao instituto em análise.

---

[95] TIMM, Luciano Benetti. O direito fundamental à livre iniciativa: na teoria e na prática institucional brasileira. *Revista da Ajuris*, Porto Alegre, v. 106, p. 107-124, 2007.

[96] GARCIA, Ricardo Lupion; TAVARES, Claudio Kaminski. Livre iniciativa: considerações sobre o seu sentido e alcance no Direito brasileiro. *Revista Acadêmica UFPE*, Recife, v. 88, n. 1, jan./jun. 2016. Disponível em: <https://periodicos.ufpe.br/revistas/ACADEMICA/article/view/2084/2930>. Acesso em: 14 abr. 2019.

[97] BARROSO, Luís Roberto. *Estado e livre iniciativa na experiência constitucional brasileira*. [*S.l.*], 2014. Disponível em: <http://www.luisrobertobarroso.com.br/wp-content/uploads/2014/04/Estado-e-Livre-iniciativa_versao-final_11abr2014.pdf>. Acesso em: 13 abr. 2019.

Assim, Luis Roberto Barroso[98] entende que é possível extrair da própria Constituição os elementos essenciais ao conteúdo da livre iniciativa, enumerando-os da seguinte forma: a propriedade privada, garantida pelo art. 5°, inciso XXII; a liberdade de empresa, garantida pelo art. 170, parágrafo único; a liberdade de trabalho, garantida pelo art. 5°, inciso XIII; a liberdade de contratar, garantida pelo art. 5°, inciso II; e a livre concorrência, garantida pelo art. 170, inciso IV. Veja-se:

> (i) Propriedade privada (art. 5º, XXII e XXIV da Constituição Federal) sendo este um traço típico de um regime capitalista e de uma economia de mercado, em que há a apropriação privada dos bens e meios de produção. Porém, necessário admitir que o Estado interfere, em alguma medida, no direito de propriedade, mediante a tributação, por exemplo.
>
> (ii) Liberdade de empresa (art. 170, parágrafo único) e de trabalho (art. 5º, XIII): pelas quais é assegurado a todos os cidadãos o livre exercício de qualquer atividade econômica, salvo nos casos previstos em lei (como bancos e, refinarias, por exemplo). Também, é livre o exercício de qualquer trabalho, ofício ou profissão, atendidas as qualificações profissionais que a lei estabelecer (por exemplo, a aprovação no Exame da Ordem dos Advogados do Brasil para exercer a advocacia), ou seja, reitera-se a ideia de que a Constituição Federal tem como fundamento o direito ao trabalho, este entendido como gênero e a tal fundamento se soma a ideia de que o homem tem direito a exercer seu trabalho, sua profissão de forma livre, sendo o papel do Estado garantir tanto o direito ao trabalho quanto a livre iniciativa, sendo que esta encontra no seu cerne a liberdade de profissão.
>
> (iii) Livre concorrência (art. 170, IV): entendida como o mecanismo de garantia de eficiência do sistema de mercado, por meio da abertura jurídica de ingresso aos particulares para competirem em atividades lícitas sob condições de igualdade, e também de limitar e regular a intervenção do Estado necessária para que isso ocorra, com a finalidade de alcance ao desenvolvimento nacional atrelado ao social.[99]

Nas palavras de Celso Ribeiro Bastos:

> [...] a livre concorrência hoje, portanto, não é só aquela que espontaneamente se cria no mercado, mas também aquela outra derivada de um conjunto de normas de política

---

[98] BARROSO, Luís Roberto. *Estado e livre iniciativa na experiência constitucional brasileira*. [*S.l.*], 2014. Disponível em: <http://www.luisrobertobarroso.com.br/wp-content/uploads/2014/04/Estado-e-Livre-iniciativa_versao-final_11abr2014.pdf>. Acesso em: 13 abr. 2019.

[99] CARNEIRO, Adeneele Garcia; PEREIRA, Andressa Semeghini. A importância dos princípios da livre concorrência e da livre iniciativa para manutenção da ordem econômica no Brasil. *Revista Interfaces Científicas*. v. 04, n. 1, p. 33-44, out. 2015. Disponível em: <https://periodicos.set.edu.br/index.php/direito/article/view/2080>. Acesso em: 15 abr. 2019.

econômica. Existe, portanto, o que pode ser chamado um regime normativo da defesa da concorrência voltada ao restabelecimento das condições do mercado livre. O princípio constitucional autoriza esta sorte de intervenção ativa no mercado, sem falar na negativa consistente na eliminação das disfunções e imperfeições.[100]

(iv) Liberdade de contratar (art. 5º, II): que deve ser interpretada juntamente com a liberdade de empreender economicamente e de associação, pois ambas, decorrem, implicitamente, da liberdade contratual. Ressalta-se que há a existência de limites ao exercício desta liberdade, o que não retira de si o seu aspecto livre, na medida da almejada convivência harmônica com outros valores constitucionais. Assim, por exemplo, cita-se a necessidade de os pactuantes serem obrigados a preservar os princípios da probidade e da boa-fé, exsurge para preservar outros interesses públicos.[101] Assim, considerando o setor privado, entende-se que deve prevalecer, como regra, a autonomia da vontade do contratante na decisão de contratar.

Por fim, conclui-se que a livre iniciativa engloba diversos direitos de liberdade previstos constitucionalmente, sendo esta a marca e o aspecto dinâmico do modo de produção capitalista. Ainda, considera-se a livre iniciativa um direito fundamental de primeira geração, que possui caráter supremo dentro da geografia constitucional e limita o exercício do poder Estatal em face da liberdade individual, devendo ser interpretada conjuntamente com o valor social do trabalho, por estarem em mesma hierarquia e constituírem, conjuntamente, fundamentos da República Federativa do Brasil.

Ademais, o artigo 170 da Constituição Federal de 1988, prevê no seu *caput* a livre iniciativa como fundamento da ordem econômica e expressa em seus incisos princípios que devem ser observados e que compõem as diretrizes econômicas a serem seguidas, conforme se verá no próximo tópico a título de complementação do até aqui exposto.

2.3.2. *Princípios da ordem econômica constitucional*

O artigo 170 da Constituição Federal brasileira elenca os princípios que juntamente com a valorização do trabalho humano e a livre

---

[100] BASTOS, Celso Ribeiro. *Curso de direito constitucional*. São Paulo: Saraiva, 1998. p. 456.

[101] LEITE, Marcelo Lauar. Descortinando um direito fundamental: notas sobre a livre iniciativa. *Revista Digital Constituição e Garantia de Direitos*, v. 6, n. 02, 15 set. 2014. Disponível em: <https://periodicos.ufrn.br/constituicaoegarantiadedireitos/article/view/5795>. Acesso em: 13 abr. 2019.

BARROSO, Luís Roberto. *Estado e livre iniciativa na experiência constitucional brasileira*. [*S.l.*], 2014. Disponível em: <http://www.luisrobertobarroso.com.br/wp-content/uploads/2014/04/Estado-e-Livre-iniciativa_versao-final_11abr2014.pdf>. Acesso em: 13 abr. 2019.

iniciativa devem orientar a atuação do Estado e dos particulares nos processos de produção, circulação, distribuição e consumo das riquezas da nação: soberania nacional; propriedade privada; função social da propriedade; livre concorrência; defesa do consumidor; defesa do meio ambiente; redução das desigualdades regionais e sociais; busca do pleno emprego; tratamento favorecido para as empresas brasileiras de capital nacional de pequeno porte.

Estes princípios estão previstos na Constituição Federal com o objetivo de promover a justiça social, a dignidade humana e o bem-estar social, integrando esses valores ao desenvolvimento econômico produzido pela iniciativa privada dentro de uma ótica capitalista e de liberdade de exercício de atividade econômica.

Esclarece-se que o objetivo deste estudo não é fazer a análise exaustiva de todos os dispositivos que compõem o Título constitucional denominado de "Ordem Econômica e Financeira", portanto, abordar-se-ão brevemente os princípios elencados no artigo 170, sob justificativa de que a sua compreensão, ainda que não profunda, é importante para compreender a base que norteia o sistema econômico nacional e que se relaciona diretamente com a promoção do direito ao trabalho, afinal, o trabalho depende da economia, da livre iniciativa e vice-versa.

Luís Roberto Barroso[102] aborda que os princípios econômicos não possuem homogeneidade funcional entre eles, pois, por exemplo, o papel reservado na ordem econômica à livre concorrência é diverso do papel a que se propugna com o princípio da plena busca pelo emprego e, portanto, o autor propõe que os princípios da ordem econômica sejam classificados como: *princípios de funcionamento* da ordem econômica e *princípios-fins*.

Conforme Barroso,[103] "os princípios de funcionamento estabelecem os parâmetros de convivência básicos que os agentes da ordem econômica deverão observar" já os princípios-fins "descrevem realidades materiais que o constituinte deseja sejam alcançadas".

Dentro da seara dos princípios de funcionamento estão inseridos: (i) soberania nacional, (ii) propriedade privada, (iii) função social da propriedade, (iv) livre concorrência, (v) defesa do consumidor e (vi) defesa do meio ambiente, os quais serão brevemente analisados a seguir.

---

[102] BARROSO, Luís Roberto. A ordem econômica constitucional e os limites à atuação estatal no controle de preços. *Revista de Direito Administrativo*, Rio de Janeiro, v. 226, p. 187-212, out. 2001. ISSN 2238-5177. Disponível em: <http://bibliotecadigital.fgv.br/ojs/index.php/rda/article/view/47240>. Acesso em: 11 abr. 2019.

[103] Idem.

A soberania nacional, prevista no inciso I do artigo 170 da Constituição Federal, é um atributo essencial do Estado, cujo conceito está relacionado com a independência político-institucional de um país e que, conjugado com a leitura do artigo 4º da CF, permite concluir que as decisões econômicas, sejam públicas ou privadas, devem ser autônomas e independentes de gestões internacionais.[104]

André Ramos Tavares[105] aduz que a globalização afeta diretamente a noção clássica de soberania nacional, pois, a economia moderna está cada vez mais integrada em um plano mundial, o que acaba gerando dificuldades em desenvolver uma economia nacional desvinculada dos sistemas econômicos nacionais. Então, nas palavras do autor, é necessário que se compreenda a soberania nacional como "possível a preservação da capacidade de autodeterminação do Estado, com a presença livre da concorrência no mercado nacional e o respeito simultâneo às normas e práticas supranacionais relacionadas à atividade econômica".

A propriedade privada e a função social da propriedade correspondem aos incisos II e III do artigo 170 da Constituição Federal. A propriedade privada é condição inerente à livre iniciativa e um direito constitucional individualmente assegurado. Enquanto princípio da ordem econômica, sua função é assegurar a apropriação privada dos bens e os meios de produção, assim como impor aos indivíduos o respeito à propriedade alheia e ao Estado a limitação da sua ação, o que só poderá ocorrer nas hipóteses autorizadas pela Constituição Federal.[106]

Deve-se ressaltar que a propriedade privada não pode ser vista como um direito individual puro, pois necessário observar que a própria Constituição Federal determina que seja atendida a função social da propriedade, o que significa dizer, nas palavras de Tavares,[107] que são "exigíveis dentro do conceito de função social todas as condições que visam a satisfazer um interesse público no uso da propriedade, sem, contudo, transformá-la em bem comum ou desconstruir a noção de titularidade dominial".

O princípio da livre concorrência, conforme já demonstrado, é corolário direto da liberdade de iniciativa e expressa a opção pela economia de mercado, uma economia capitalista, que está fundada na crença

[104] MOREIRA, Egon Bockmann. Os princípios constitucionais da atividade econômica. *Revista da Faculdade de Direito UFPR*, Curitiba, v. 45, n. 0, p. 103-111, 2006. Disponível em: <https://revistas.ufpr.br/direito/article/view/8751/6577>. Acesso em: 11 abr. 2019.

[105] TAVARES, André Ramos. *Direito constitucional econômico*. 3. ed. São Paulo: Método, 2011. p. 139.

[106] BARROSO, Luís Roberto. *Estado e livre iniciativa na experiência constitucional brasileira*. [*S.l.*], 2014. Disponível em: <http://www.luisrobertobarroso.com.br/wp-content/uploads/2014/04/Estado-e-Livre-iniciativa_versao-final_11abr2014.pdf>. Acesso em: 13 abr. 2019.

[107] TAVARES, op. cit., p. 153.

de que o método eficiente para se assegurar a satisfação dos interesses do consumidor de uma forma geral é um mercado em condições de livre concorrência. Todavia, segundo Barroso, a experiência demonstrou que o sistema de autorregulação do mercado nem sempre é eficaz em relação a um conjunto de outros aspectos dos produtos e serviços, como qualidade e segurança, veracidade das informações ao consumidor, vedação de cláusulas abusivas, atendimento pós-consumo etc. Portanto, viu-se a necessidade de uma regulamentação específica de proteção ao consumidor, que veio inscrita inclusive como um direito individual constitucionalizado[108] e também como um princípio de funcionamento da ordem econômica (artigo 170, inciso V, da CF), ao qual está vinculada a iniciativa privada.

Quanto à questão do meio ambiente, a Constituição consagrou um capítulo específico para tratar do tema (Capítulo VI do Título VIII da Constituição Federal) e também o inseriu como princípio da ordem econômica (artigo 170, inciso VI, da Constituição Federal), sendo possível afirmar, desta forma, que o desenvolvimento econômico nacional deve estar pautado pelas diretrizes de um desenvolvimento sustentável, ou seja, necessária a conciliação entre o desenvolvimento econômico e as práticas de preservação ambiental, visando à manutenção do ecossistema e à preservação dos elementos necessários à própria sobrevivência do homem.[109]

Além dos princípios de funcionamento expostos, a ordem econômica está pautada no que Barroso classificou como os princípios-fins, que são aqueles elencados no artigo 170 da Constituição Federal e representam os objetivos que a ordem econômica, como um todo, deve atingir, sendo eles: (i) existência digna para todos; (ii) redução das desigualdades regionais e sociais, (iii) busca do pleno emprego; (iv) e a expansão das empresas de pequeno porte constituídas sob as leis brasileiras e que tenham sua sede e administração no país.[110]

Assim, cada um desses princípios expressa uma realidade fática desejada pelo constituinte e comandada ao Poder Público, ou nas palavras de Barroso,[111] representam os "objetivos sociais do Estado dentro

---

[108] Constituição Federal, art. 5°, XXXIl: "o Estado promoverá, na forma da lei, a defesa do consumidor;".

[109] TAVARES, André Ramos. *Direito constitucional econômico*. 3. ed. São Paulo: Método, 2011. p. 186.

[110] BARROSO, Luís Roberto. *Estado e livre iniciativa na experiência constitucional brasileira*. [*S.l.*], 2014. Disponível em: <http://www.luisrobertobarroso.com.br/wp-content/uploads/2014/04/Estado-e-Livre-iniciativa_versao-final_11abr2014.pdf>. Acesso em: 13 abr. 2019.

[111] BARROSO, Luís Roberto. A ordem econômica constitucional e os limites à atuação estatal no controle de preços. *Revista de Direito Administrativo*, Rio de Janeiro, v. 226, p. 187-212, out. 2001. ISSN 2238-5177. Disponível em: <http://bibliotecadigital.fgv.br/ojs/index.php/rda/article/view/47240>. Acesso em: 11 abr. 2019.

dessa mesma ordem, informando a política econômica do Governo no sentido da plena realização dos preceitos constitucionais".

Assim, pode-se dizer, por exemplo, que o constituinte deseja o fortalecimento das empresas brasileiras de pequeno porte, admitindo, então, tratamento favorecido por parte do Estado e também que a Constituição harmoniza os objetivos da ordem econômica – redução das desigualdades, pleno emprego e existência digna para todos – com os objetivos fundamentais da República Federativa do Brasil, constantes do art. 3° da Constituição Federal.[112]

Por fim, necessário destacar que nenhum dos princípios elencados nos incisos do artigo 170 da Constituição Federal poderão contrariar ou esvaziar os princípios fundamentais da ordem econômica, tal como positivados no *caput* do art. 170, ainda que lhes estabeleçam certo nível de restrições,[113] ou seja, não se pode, sob o pretexto de realizar qualquer deles, eliminar a livre iniciativa ou depreciar o trabalho humano.

Em suma, percebe-se que está consagrado no texto Constitucional o valor social do trabalho e da livre iniciativa enquanto fundamentos da República Federativa do Brasil, bem como dos demais princípios que regem a Ordem Econômica (art. 170 da Constituição Federal). Passa-se agora a analisar a forma em que o Estado pode ou não intervir para que tais fundamentos sejam implementados e realizados.

2.4. Modelos de intervenção do Estado e o papel que ele desenvolve

Para que se possa fazer uma trajetória de análise do papel desenvolvido pelo Estado, necessário, primeiramente, trazer o conceito de Estado apresentado por Canotilho,[114] no qual o autor destaca que as características ou elementos constitutivos do Estado são: (i) territorialidade, ou seja, a existência de um território concebido como "espaço da soberania estadual"; (ii) população, entendida como a existência de um povo ou comunidade historicamente definida; e por fim, (iii) politicidade: prossecução de fins definidos e individualizados em termos

[112] Art. 3°. Constituem objetivos fundamentais da República Federativa do Brasil: I – construir uma sociedade livre, justa e solidária; II – garantir o desenvolvimento nacional; III – erradicar a pobreza e a marginalização e reduzir as desigualdades sociais e regionais; IV – promover o bem de todos, sem preconceitos de origem, raça, sexo, cor, idade e quaisquer outras formas de discriminação.

[113] BARROSO, Luís Roberto. A ordem econômica constitucional e os limites à atuação estatal no controle de preços. *Revista de Direito Administrativo*, Rio de Janeiro, v. 226, p. 187-212, out. 2001. ISSN 2238-5177. Disponível em: <http://bibliotecadigital.fgv.br/ojs/index.php/rda/article/view/47240>. Acesso em: 11 abr. 2019.

[114] CANOTILHO, J. J. Gomes. *Direito constitucional*. 6. ed. Coimbra: Almedina, 1993. p. 15-16.

políticos. Partindo desta ideia, o Estado constitui a forma de racionalização e generalização do político nas sociedades modernas.

O Estado moderno emerge historicamente do período de formação do modo capitalista de produção, surgindo pensadores intitulados de "liberais" e que propuseram pensar contra a ordem feudal, propondo um mundo no qual a liberdade de produzir e comercializar as mercadorias assume um papel de grande relevância. Assim, o liberalismo, enquanto doutrina política e econômica, emerge no feudalismo contribuindo para o declínio do mesmo e para a ascensão do capitalismo.[115]

Um dos grandes pensadores, defensor do liberalismo econômico, foi Adam Smith.[116] Para o autor, o Estado deveria intervir minimamente, ou seja, deveria ser o menor possível, exercendo apenas três funções indispensáveis, que seriam promover a soberania nacional, defendendo a sociedade da violência e invasão externas; promover a proteção interna dos membros da sociedade contra a opressão e injustiças de outros membros; e por fim, erigir e sustentar as instituições e obras públicas que sejam vantajosas para a sociedade, mas que não sejam atrativas para os capitalistas, seja pelo lucro, risco, seja pela incapacidade dos mesmos de mantê-los funcionando.

Segundo Garcia e Tavares,[117] o próprio liberalismo criou as condições para a sua superação, na medida em que a valorização do indivíduo e a proteção da liberdade asseguraram uma situação de privilégio para aqueles que eram economicamente mais fortes.[118] Em contrapar-

---

[115] PEREIRA, William Eufrasio Nunes. Do estado liberal ao neoliberal. *Revista INTERFACE*, Natal, v. 1, n. 1, 2004. Disponível em: <https://ojs.ccsa.ufrn.br/index.php?journal=interface&page=article&op=view&path%5B%5D=10>. Acesso em: 16 abr. 2018.

[116] SMITH, Adam. *A riqueza das nações*: investigação sobre sua natureza e suas causas. São Paulo: Nova Cultural, 1996. (Os economistas, v. IV). p. 57. O autor refere em sua obra: "[...] de acordo com o sistema de liberdade natural, o soberano (leia-se o Estado) tem somente três deveres a cumprir; três deveres de grande importância, na verdade, mas claros e inteligíveis ao senso comum: primeiro, o dever de proteger a sociedade da violência e da invasão por outras sociedades independentes; segundo, o dever de proteger, na medida do possível, cada membro da sociedade da injustiça e da opressão de qualquer outro membro, ou o dever de estabelecer uma adequada administração da justiça; em terceiro lugar, o dever de erigir e manter certas obras públicas e certas instituições públicas que nunca será do interesse de qualquer indivíduo ou de um pequeno número de indivíduos erigir e manter; porque o lucro jamais reembolsaria as despesas de qualquer indivíduo ou número de indivíduos, embora possa frequentemente proporcionar mais do que o reembolso a uma sociedade maior".

[117] GARCIA, Ricardo Lupion; TAVARES, Claudio Kaminski. Livre iniciativa: considerações sobre o seu sentido e alcance no Direito brasileiro. *Revista Acadêmica UFPE*, Recife, v. 88, n. 1, jan./jun. 2016. Disponível em: <https://periodicos.ufpe.br/revistas/ACADEMICA/article/view/2084/2930>. Acesso em: 14 abr. 2019.

[118] A burguesia, que despontara para a vida política como força revolucionária, passou a adotar uma posição conservadora, não admitindo que o Estado interferisse no domínio econômico para corrigir as injustiças sociais. Cf. GARCIA, Ricardo Lupion; TAVARES, Claudio Kaminski. Livre iniciativa: considerações sobre o seu sentido e alcance no Direito brasileiro. *Revista Acadêmica UFPE*, Recife, v. 88, n. 1, jan./jun. 2016. Disponível em: <https://periodicos.ufpe.br/revistas/ACADEMICA/article/view/2084/2930>. Acesso em: 14 abr. 2019.

tida, também propiciou condições para a revolução industrial e valorizou o indivíduo e a vida humana de modo a despertar a consciência para a importância da liberdade humana.

Em prosseguimento, no decorrer do século XX, vivenciou-se um movimento socialista: a Revolução Russa de 1917 e que passou a difundir o modelo econômico planificado do regime, com a ampliação da atuação positiva do Estado e a diminuição no âmbito da atividade livre do indivíduo, sendo que se verificou o crescimento do interesse pela busca da justiça social. Em suma, o Estado Liberal é aprimorado pela ideia de Estado do Bem-Estar Social. Neste contexto, o Estado deixa de lado o papel de mero executor das políticas públicas e mantenedor das regras do jogo econômico, até então dominado pela autonomia da vontade, e passa a assumir um papel de interventor ativo na economia.[119]

A partir das ideias oriundas da obra *Teoria Geral do Emprego do Juro e do Dinheiro*, publicada em 1936 pelo economista inglês John Maynard Keynes, a prática intervencionista do Estado ganha força. As ideias propagadas por Keynes criaram uma espécie de consenso a respeito da necessidade de uma regulação externa ao próprio sistema.[120] É o que se denomina de Estado empresário, pois o ente público, tal qual um empresário, exerce atividades tradicionalmente realizadas pelos particulares.[121]

Sobre esse período de abrangência da intervenção Estatal, Eros Grau[122] identifica em sua obra quatro categorias de atividades do estado: (i) a de construir e preservar o modo de produção; (ii) a de complementar o mercado, o sistema jurídico adequado e as novas formas de organização empresarial, de concorrência e de financiamento; (iii) a substituição do mercado, criando novas situações econômicas; (iv) a compensação de disfunções do processo de acumulação, que se manifestaria no seio de certas parcelas do capital, da classe operária e de outros grupos organizados.

Todavia, em meados do século XX, surgem os primeiros sinais de crise do *Welfare State* (Estado de Bem-Estar Social). Sob o forte impacto

---

[119] GARCIA, Ricardo Lupion; TAVARES, Claudio Kaminski. Livre iniciativa: considerações sobre o seu sentido e alcance no Direito brasileiro. *Revista Acadêmica UFPE*, Recife, v. 88, n. 1, jan./jun. 2016. Disponível em: <https://periodicos.ufpe.br/revistas/ACADEMICA/article/view/2084/2930>. Acesso em: 14 abr. 2019.

[120] PAULANI, Leda Maria. Economia e retórica: o capítulo brasileiro. *Revista de Economia Política*, v. 26, n. 1, p. 3-22, jan./mar. 2006. Disponível em: <http://www.scielo.br/pdf/rep/v26n1/a01v26n1>. Acesso em: 16 abr. 2019.

[121] GARCIA, op. loc. cit.

[122] GRAU, Eros Roberto. *A ordem econômica na Constituição de 1988*. 11. ed. São Paulo: Malheiros, 2006, p. 20-21.

da globalização, o Estado de Bem-Estar Social fica debilitado, especialmente no que tange a sua capacidade de formulação e implementação de políticas públicas e de regulamentação e fiscalização de seu mercado interno.[123]

Então, o que se vislumbra são o surgimento das ideias econômicas liberais, baseadas em uma retração do Estado, e o incentivo à iniciativa privada e ao exercício das atividades econômicas as quais vinha se dedicando.

Um dos principais expoentes do pensamento liberal foi o economista austríaco Friedrich Von Hayek, que defendia que qualquer limitação dos mecanismos de mercado por parte do Estado figurava como uma ameaça letal não só à liberdade econômica como também para a política. Por sua vez, Paulani[124] refere que as ideias contidas na obra de Hayek, chamada de *O Caminho da Servidão*, publicada em 1944, servem de base para o movimento liberal, que surge a partir de 1947, quando Hayek convoca para uma reunião em Mont Pèlerin, um grupo de intelectuais afinados com suas ideias. Dentre os convidados, podem-se destacar nomes como de Milton Friedman, Karl Popper, Lionel Robbins e Ludwig Von Mises.[125]

Consolidados os propósitos do movimento liberal, em países que seguiram essa tendência, a presença direta do Estado no domínio econômico diminui, e sua principal atuação passou a repousar sobre o aspecto regulatório, assim o Estado atuaria nas funções mínimas de guardião da defesa nacional e da ordem liberal.

Destaca-se, conforme conclusão de um estudo realizado por Timm,[126] que o mercado pode ser regulado pela ordem jurídica tanto em um modelo de intervenção liberal (ou neoliberal) quanto em um modelo social (ou welfarista), a diferença é que no primeiro caso há uma tendência à autorregulação do mercado e no segundo caso há uma tentativa de regulação exógena ao mercado vinda do Estado.

Porém, em ambos os modelos não há renúncia ao mercado e tampouco ao sistema econômico capitalista, "do qual a livre iniciativa emerge como um direito fundamental inerente ao sistema e ao próprio

---

[123] GARCIA, Ricardo Lupion; TAVARES, Claudio Kaminski. Livre iniciativa: considerações sobre o seu sentido e alcance no Direito brasileiro. *Revista Acadêmica UFPE*, Recife, v. 88, n. 1, jan./jun. 2016. Disponível em: <https://periodicos.ufpe.br/revistas/ACADEMICA/article/view/2084/2930>. Acesso em: 14 abr. 2019.

[124] PAULANI, Leda Maria. Economia e retórica: o capítulo brasileiro. *Revista de Economia Política*, v. 26, n. 1, p. 3-22, jan./mar. 2006. Disponível em: <http://www.scielo.br/pdf/rep/v26n1/a01v26n1>. Acesso em: 16 abr. 2019.

[125] Hayek foi premiado com o Nobel da Economia, em 1974.

[126] TIMM, Luciano Benetti. O direito fundamental à livre iniciativa: na teoria e na prática institucional brasileira. *Revista da Ajuris*, Porto Alegre, v. 106, p. 107-124, 2007.

princípio da dignidade da pessoa humana".[127] Assim, a livre iniciativa exige deveres de abstenção do Estado em relação à liberdade econômica dos agentes, como visto no tópico anterior, porém, o mesmo princípio importa no dever de atuação estatal nos casos de proteção da concorrência no mercado.

O que se percebe é que ainda em um Estado que possa ser considerado liberal (neoliberal) há a interferência Estatal de algum modo. O modelo não prevê uma abstenção total, mas sim, uma liberdade na esfera econômica que está prevista constitucionalmente, cabendo ao Estado um papel de interventor regulatório, de garantidor de políticas públicas que assegurem, por exemplo, os valores sociais também previstos na Constituição Federal, é o que denomina de Estado-mínimo, fundamento ideológico do liberalismo.

Ressalta-se que quando se fala em liberdade na esfera econômica, também deve ser considerado o fator trabalho que está relacionado com o "fator econômico", pois o trabalho influencia a ordem econômica em todos os seus institutos, comparecendo no aspecto tanto econômico como social, já que entra na formação do custo da produção, serve como indicador do preço que se pratica na circulação de bens, passa a receber avaliação em função do ganho (salário) na repartição distributiva de riqueza e acaba por encerrar o seu ciclo, a partir da relação entre as necessidades a serem satisfeitas e os recursos para tanto no consumo.[128]

Assim, a organização da sociedade, no que se refere ao plano econômico, objetiva criar riqueza, que deve ser posta a serviço da comunidade e das garantias mínimas que são devidas ao homem, e é neste ponto que o Direito econômico relaciona o estabelecimento de uma ordem econômica pelo Estado com o Direito das relações de trabalho.

Já a organização do mercado de trabalho está baseada no princípio jurídico geral da autonomia da vontade e da liberdade de empresa, o princípio da intervenção pública na economia se justifica por se exigir a defesa de um interesse geral de um funcionamento do sistema socioeconômico.[129]

Apontam Pérez, Navarrete, *et al.*, que não existem mercados que funcionem à margem de um sistema de regras determinadas pelos poderes públicos, assim como não pode existir um mercado de traba-

---

[127] TIMM, Luciano Benetti. O direito fundamental à livre iniciativa: na teoria e na prática institucional brasileira. *Revista da Ajuris*, Porto Alegre, v. 106, p. 107-124, 2007.

[128] SOUZA, Washington Peluso Albino de. Direito econômico do trabalho. *Revista do Tribunal Regional do Trabalho da 3ª Região*, Belo Horizonte, n. 54, 1995. Disponível em: <https://www.trt3.jus.br/escola/download/revista/rev_54/Washington_Souza.pdf>. Acesso em: 20 abr. 2018.

[129] MONEREO PÉREZ, José Luis; MOLINA NAVARRETE, Cristóbal; QUESADA SEGURA, Rosa. *Manual de política y derecho del empleo*: instituciones, relaciones de empleo, marco legal de las políticas públicas y derecho social del empleo. Madrid: Tecnos, 2011. p. 21.

lho completamente "desregulado", dominado por regras de autonomia. Assim, regras e princípios da organização privada do mercado de trabalho apresentam disfunções que requerem uma correção através de uma intervenção pública, tendo em vista que nem todos os grupos de trabalhadores têm as mesmas oportunidades (desequilíbrios subjetivos), assim como nem todos os territórios apresentam situações de relativo equilíbrio (desequilíbrios territoriais).[130]

O estabelecimento de uma ordem econômica pelo Estado, dessa forma, relaciona-se com o direito das relações de trabalho, cumprindo ressaltar que a forma como o Estado intervém nas relações de trabalho está diretamente vinculada à ideologia adotada quanto às políticas públicas. Mais especificamente, os fundamentos e os princípios decorrentes dos elementos ideológicos estampados na Constituição adotada.

No Brasil, como já visto, a diretriz normativa adotada na política pública econômica está prevista no artigo 170 da Constituição Federal de 1988. O referido dispositivo consagra como fundamentos da ordem econômica a "livre iniciativa" e a "valorização do trabalho humano", estipulando princípios com aspectos do modelo liberal – propriedade privada, livre concorrência e livre exercício da atividade econômica – e também, princípios sociais – função social da propriedade.

Assim, entende-se que no âmbito da política e da economia, o princípio da valorização do trabalho e da própria proteção do trabalhador encontra seu limite na proteção do sistema econômico. Ou seja, há a necessidade de um consenso entre trabalho e capital, pois as melhorias nas condições de trabalho não podem ser feitas às custas do princípio econômico de desempenho e produtividade, de forma que elas não podem anular o funcionamento do sistema capitalista.

Desta feita, compreendido que a relação entre o direito ao trabalho e a livre iniciativa se dá de forma equânime, sendo ambos fundamentos do Estado Democrático de Direito de mesma axiologia, pode-se dizer que o papel do Estado ao intervir nas relações de trabalho deve primar pela dignidade da pessoa humana baseada nos fundamentos acima referidos, ou seja, considerar tanto o âmbito social quanto o econômico e sob esta constatação que se analisarão as hipóteses de pesquisas propostas neste trabalho, sendo que no próximo capítulo passa-se à análise de algumas modalidades de relações de trabalho já consagradas no ordenamento jurídico nacional e estrangeiro, as quais se entende que podem ser enquadrados juridicamente os motoristas que prestam serviços por meio de plataformas digitais de intermediação.

130 MONEREO PÉREZ, José Luis; MOLINA NAVARRETE, Cristóbal; QUESADA SEGURA, Rosa. *Manual de política y derecho del empleo*: instituciones, relaciones de empleo, marco legal de las políticas públicas y derecho social del empleo. Madrid: Tecnos, 2011. p. 21.

3. O mercado de trabalho brasileiro e as modalidades de contratação aplicáveis aos motoristas de aplicativo

Toda a atividade humana economicamente útil poderá se constituir em objeto da relação de emprego. Porém, existem múltiplas possibilidades de prestação de serviços que se configuram em relações contratuais diversas, ou seja, em contratos de atividades, sendo necessário que se averiguem os seus elementos caracterizadores para então identificar a espécie de contrato.

Deste modo, o objetivo deste capítulo é primeiramente demonstrar como tem se movimentado o mercado de trabalho nacional, especificamente no que diz respeito às espécies de contrato de trabalho, adentrando então, em uma abordagem sobre a crise do Direito do Trabalho frente às mutações vivenciadas pela sociedade, em especial pela globalização e o avanço tecnológico.

Após, traçado o contexto em que se encontra o mercado de trabalho, passa-se à análise das duas espécies de contratos laborais previstos no ordenamento jurídico pátrio que podem ser aplicáveis ao caso dos motoristas de aplicativo em plataforma digital: relação de emprego e a relação de trabalho autônomo.

Por fim, apresentar-se-ão outras espécies de relação de trabalho, oriundas dos ordenamentos italiano e espanhol, que podem ser sintetizados no conceito de "semiautônomos" por ser mais flexibilizadoras e que parecem representar uma forte tendência em nível mundial no sentido de relações híbridas para novas realidades de trabalho.

3.1. O paradigma do mercado de trabalho tradicional brasileiro e a crise do Direito do Trabalho

O trabalho está inserido na sociedade de forma que não pode dela se dissociar, assim, quando esta se transforma não há dúvidas de que o mesmo acontece com o trabalho. Neste cenário, o Direito, enquanto ciência social por excelência, é capaz de interagir com a realidade a ponto de transformá-la, como por exemplo, com a criação de normas coercitivas que inibem dada situação ou em sentido inverso, quando a realidade transforma o direito, exigindo uma resposta do ordenamento jurídico frente às novas situações vivenciadas pela sociedade.

Nesse sentido, vale-se do ensinamento de Miguel Reale acerca da transformação do direito, que o autor afirma ser um "processo incessante de adequação da realidade às exigências ideais ou da atualização de fins éticos no domínio das relações de convivências".[131] Assim, acredita-se na ideia de que o direito deve representar e estar em conformidade com a realidade social de um povo.

No caso do Direito do Trabalho, que regula uma das formas mais primitivas do comportamento social, é indispensável que o jurista esteja sempre atento a qualquer modificação ocorrida na sociedade, pois, conforme afirma Pedro Ortins de Bettencourt: "o Direito do Trabalho mexe com a vida das pessoas, como poucas áreas do Direito o fazem".[132]

Assim, diante desta ligação entre o Direito do Trabalho e a realidade da sociedade, entende-se cabível nesta pesquisa uma breve análise do desenvolvimento do mercado de trabalho, pois este é capaz de ser um reflexo da sociedade, que permite compreender, inclusive, a forma com que as pessoas se relacionam e como fazem suas escolhas, conforme ensina o economista George Borjas:

> Nosso desempenho no mercado de trabalho ajuda a determinar nossa riqueza, os tipos de bens que consumimos, com quem nos relacionamos, onde passamos as férias, quais escolas nossos filhos frequentam, e até mesmo os tipos de pessoas que nos cativam.
>
> No entanto, nosso interesse surge não apenas do nosso envolvimento pessoal, mas porque muitas questões políticas e sociais estão relacionadas às experiências no mercado de trabalho de determinados grupos de trabalhadores ou aos vários aspectos do vínculo empregatício entre trabalhadores e empresas.[133]

---

[131] REALE, Miguel. *Filosofia do direito*. 19. ed. São Paulo: Saraiva, 1999. p. 574-575.

[132] BETTENCOURT, Pedro Ortins de. As novas ameaças ao direito do trabalho. *In:* MOREIRA, António. *V Congresso Nacional de Direito do Trabalho*: memórias. Coimbra: Almedina, 2003. p. 96.

[133] BORJAS, George J. *Economia do trabalho*. Tradução de R. Bryan Taylor; Revisão Técnica de Giácomo Balbinotto Neto. 5. ed. Porto Alegre: AMGH, 2012. p. 01.

Registra-se que não é o escopo do presente estudo uma análise aprofundada da economia e do mercado de trabalho brasileiro, mas sim, a apresentação de alguns dados estatísticos com fito de elucidar a temática do desenvolvimento do mercado laboral a partir da regulação celetista, demonstrando as mudanças ocorridas nas últimas décadas em relação, especificamente, ao número de postos de emprego e de trabalhadores informais.

3.1.1. Panorama do mercado de trabalho brasileiro: considerações a partir do Governo de Getúlio Vargas

Tomando como ponto de partida a década de 1930, observa-se que se inicia um período de urbanização e de modernização da economia[134] no qual o país começa a integrar tanto as atividades econômicas como também o mercado de trabalho, pois até então, não havia unidade política e articulação interna na organização do sistema de economia.[135] A indústria, passa a ser a base do crescimento econômico, principalmente devido à crise do setor exportador e às novas bases da ação estatal criadas no governo de Getúlio Vargas.

Inicia-se então, o chamado corporativismo de Estado de Getúlio Vargas, sendo uma de suas medidas a promulgação da Consolidação das Leis do Trabalho (CLT) em 1943, marco que influencia todo o mercado nacional, pois as relações de trabalho passam por um processo de regulamentação no qual se estabelecia através da legislação quais eram as regras mínimas que deveriam vigorar entre os envolvidos naquela relação laboral.[136]

As bases da estrutura "Varguista" implantadas caracterizam até a atualidade as relações de emprego do país, sendo possível vislumbrar uma relação de triangulação, de um lado o empregado, do outro o empregador e, no terceiro vértice, o Estado como regulador.

Assim, os trabalhadores, de acordo com as suas categorias e posição no mercado (servidores públicos, trabalhadores urbanos, trabalhadores rurais, etc.), foram sendo incorporados pela regulação estatal que lhes garantia direitos sociais e do trabalho e lhes impunha deveres. Então, pode-se dizer, que assolou o país um movimento que buscava a

[134] THEODORO, Marcio. As características do mercado de trabalho e as origens do informal no Brasil. *In:* JACCOUD, Luciana (Org.). *A questão social e políticas sociais no Brasil contemporâneo.* Brasília: IPEA, 2005. p. 105.

[135] DEDECA, Cláudio Salvadori. Notas sobre a evolução do mercado de trabalho no Brasil. *Revista de Economia Política,* v. 25, n. 1, p. 113-130, jan./mar. 2005.

[136] NORONHA, Eduardo G. "Informal", ilegal, injusto: percepções do mercado de trabalho no Brasil. *Revista Brasileira Ciências de Sociais,* v. 18, n. 53, p. 111-129, 2003. p. 113.

formalidade do trabalho, ou seja, uma maior abrangência de trabalhadores na relação de emprego.[137]

Como resultado deste movimento, o economista Márcio Pochmann demonstra que entre os anos de 1940 e 1980, o emprego assalariado com registro na carteira de trabalho aumentou 6,2% (seis vírgula dois por cento). No mesmo período, o emprego assalariado total cresceu a uma taxa média anual de 3,6% (três vírgula seis por cento), e o emprego sem registro, a uma taxa de 0,6% (zero vírgula seis por cento), enquanto o desemprego variou 0,5% (zero vírgula cinco por cento), e as ocupações por conta própria 1,8% (um vírgula oito por cento) e sem remuneração, 0,6% (zero vírgula seis por cento).[138]

Ocorre que o emprego, preenchidos os requisitos estabelecidos pela CLT, vistos anteriormente, não abrangeu toda a força de trabalho disponível. Theodoro chega inclusive a referir que "o assalariamento, neste país, cumprirá somente a metade de seu papel histórico",[139] ou seja, parte da população fica de fora do sistema de mercado do trabalho criado, deixando evidente o nível de desemprego ou informalidade.

Assim, entre os anos de 1930 e 1980, o país teve um crescimento econômico significativo, sendo que no final dos anos 1970, a economia brasileira classificava-se entre as maiores economias do mundo capitalista. Todavia, tal crescimento não foi suficiente para absorver toda a mão de obra disponível, pois, apesar da geração de empregos, especialmente na indústria, havia uma grande concentração de subempregos nas áreas urbanas.[140]

Tal fenômeno de falta de absorção total da força de trabalho pelo labor formal (relação de emprego) foi constatada pela teoria da segmentação, dentro de uma ótica econômica, que apresentou a existência de submercados, ou seja, um setor primário (ou central), cuja característica é a segurança no emprego e os procedimentos sociais regulados pelo Estado e um setor secundário (periférico) em que predominava a alta rotatividade de trabalhadores, falta de qualificação, restritiva possibilidade de ascensão profissional, etc.[141]

---

[137] NORONHA, Eduardo G. "Informal", ilegal, injusto: percepções do mercado de trabalho no Brasil. *Revista Brasileira Ciências de Sociais*, v. 18, n. 53, p. 111-129, 2003.

[138] POCHMANN, Márcio. Mercado geral de trabalho: o que há de novo no Brasil? *Parcerias Estratégicas*, Brasília, n. 22, p. 121-144, jun. 2006. Disponível em: <http://seer.cgee.org.br/index.php/parcerias_estrategicas/article/viewFile/284/278>. Acesso em: 20 mar. 2019.

[139] THEODORO, Marcio. As características do mercado de trabalho e as origens do informal no Brasil. *In:* JACCOUD, Luciana (Org.). *A questão social e políticas sociais no Brasil contemporâneo*. Brasília: IPEA, 2005. p. 110.

[140] Idem, p. 111.

[141] OLIVEIRA, Sidnei Rocha de; PICCININI, Valmiria Carolina. Mercado de trabalho: múltiplos (des)entendimentos. *Revista de Administração Pública*, Rio de Janeiro, p. 1517-1538, set./out. 2011.

Neste contexto segmentado, o início dos anos de 1990 representou uma ruptura no movimento crescente de formalização do emprego e partir de então o que se vislumbra é um crescimento da informalidade[142] e redução percentual da força de trabalho protegida pela legislação nos moldes previstos na CLT de 1943.

Assim, em janeiro de 1991, os empregados representavam 55% (cinquenta e cinco por cento) da força de trabalho nacional; os autônomos registrados representavam 20% (vinte por cento), os trabalhadores sem qualquer registro representavam 20% (vinte por cento), e os empregadores 4,5% (quatro vírgula cinco por cento).[143]

Nos anos seguintes, o que se verificou foi o que Noronha chamou de "reviravolta na história de um aparente caminho seguro em direção à equalização do mercado de trabalho", pois, a proporção de trabalhadores sem carteira assinada cresceu 8,1% (oito vírgula um por cento), subindo de 20% (vinte por cento), em janeiro de 1991, para 28,1% (vinte e oito vírgula um por cento), em janeiro de 2001; ao mesmo tempo, a proporção de empregados com carteira assinada caiu 12,8% (doze vírgula oito por cento).[144]

Observa-se que o crescimento do mercado informal ocorrido na década de 1990 e no início dos anos 2000 caminha em sentido contrário ao que ocorreu no país durante a década de 1970, período em que houve ampliação do trabalho assalariado, com carteira assinada. Tal movimento também é observado pelo economista Pochmann,[145] que trata do fenômeno como um movimento geral de estruturação (incompleta) do mercado de trabalho e posteriormente, um movimento de desestruturação deste mercado.

A elevada taxa de desemprego dava sinais de que as empresas buscaram ampliar a sua capacidade de produção por meio de ganhos de produtividade, através da modernização de maquinários e equipa-

---

[142] Há discussões na literatura sobre a conceituação da informalidade, não havendo um consenso sobre o tema, porém, ressalta-se que a termo aqui utilizado é no sentido de trabalho sem a carteira assinada, embora este possa ser uma conceituação rasa, o objetivo do tópico é demonstrar as flutuações do mercado de trabalho brasileiro de modo simples, por não representar o objetivo da pesquisa, e portanto, não caberia, neste momento, um maior aprofundamento sobre a conceituação da informalidade.

[143] IBGE. *Downloads*. Disponível em: <https://www.ibge.gov.br/estatisticas/sociais/trabalho/9183-pesquisa-mensal-de-emprego-antiga-metodologia.html?edicao=20750&t=downloads>. Acesso em: 20 de março 2019.

[144] NORONHA, Eduardo G. "Informal", ilegal, injusto: percepções do mercado de trabalho no Brasil. *Revista Brasileira Ciências de Sociais*, v. 18, n. 53, p. 111-129, 2003.

[145] POCHMANN, Márcio. Mercado geral de trabalho: o que há de novo no Brasil? *Parcerias Estratégicas*, Brasília, n. 22, p. 121-144, jun. 2006. Disponível em: <http://seer.cgee.org.br/index.php/parcerias_estrategicas/article/viewFile/284/278>. Acesso em: 20 mar. 2019.

mentos e também através da reorganização da gestão de produção e da mão de obra.[146]

Em meados da década de 1990, o autor economista norte-americano Jeremy Rifkin, referindo-se ao cenário mundial, é categórico ao afirmar que o desemprego global atingiu seu nível mais alto da história, apontando dados de pesquisas divulgadas pela *International Labor Organization (ILO)*. Para ele, o rápido avanço tecnológico experimentado pela sociedade seria capaz de dizimar os postos de trabalho, especialmente os formais, nas próximas décadas.[147]

Apesar das constatações em nível global feitas pelo autor, as políticas de emprego nacional continuaram tendo como norte a força de trabalho decorrente do vínculo empregatício, o que nas palavras de Noronha[148] "acaba por constituir um fator de ampliação das desigualdades entre a mão de obra 'protegida' e aquela afeta à informalidade".[149]

Seguindo a ordem cronológica de análise dos dados estatísticos, observa-se que, no início dos anos 2000, o país apresentou uma elevação no percentual de empregos formais. Tal movimento apontou para maior geração de empregos formais em relação aos informais no período, à exceção do ano de 2002. Em 2003, a população ocupada apresenta crescimento de 1,53% (um vírgula cinquenta e três por cento), enquanto as ocupações formais aumentam em 3,79% (três vírgula setenta e nove por cento).[150]

---

[146] LACERDA, Antônio Corrêa *et al. Economia brasileira*. Organização de José Márcio Rego, Rosa Maria Marques. 5. ed. São Paulo: Saraiva, 2013. p. 273.

[147] RIFKIN, Jeremy. *O fim dos empregos*: o declínio inevitável dos níveis dos empregos e a redução da força global de trabalho. Trad. Ruth Gabriela Bahr. São Paulo: Makron Books, 1995. p. 3.

[148] NORONHA, Eduardo G. "Informal", ilegal, injusto: percepções do mercado de trabalho no Brasil. *Revista Brasileira Ciências de Sociais*, v. 18, n. 53, p. 111-129, 2003.

[149] Cumpre destacar que a informalidade é estudada pelas ciências sociais e econômicas sob diversos aspectos, sendo necessário compreender o fenômeno de acordo com o objeto analisado, pois, comumente se encontram pesquisas que utilizam o termo "informal" para distinguir o vínculo de emprego das demais relações de labor *lato sensu*. Neste sentido, poderiam ser considerados informais trabalhadores autônomos, estagiários, temporários, etc. que são cidadãos que exercem atividades, possuem contratos que regulam a relação entre os sujeitos envolvidos, porém, não se trata de uma relação de emprego. Registra-se a não concordância com a referida abrangência do termo "informalidade", pois entende-se que as relações de trabalho também possuem formalidades, ou seja, são reguladas legalmente, a diferença é que não são reguladas pela CLT como a relação de emprego. Assim, prefere-se a utilização do termo "informalidade" para referir-se, por exemplo, àqueles trabalhadores que estão desempregados mas realizam "bicos" para subsistência e até mesmo aqueles que exercem atividades para empresas, como se empregados fossem, mas, não possuem vínculo empregatício, podendo este último caso ser considerado um trabalho "ilegal" , ou o que Nogueira e Zucoloto classificam como "semiformalidade". Cf. NOGUEIRA, Mauro Oddo; ZUCOLOTO, Graziela Ferreira. *Um pirilampo no porão*: um pouco de luz nos dilemas da produtividade e da informalidade no Brasil. Brasília: IPEA. Disponível em: <http://repositorio.ipea.gov.br/handle/11058/8087>. Acesso em: 31 mar. 2019.

[150] REMY, Maria Alice Pestana de Aguiar; QUEIROZ, Silvana Nunes de; SILVA FILHO, Luiz Abel. Evolução recente do emprego formal no Brasil: 2000-2008. *Revista da ABET*, v. X. n. 1, p. 57-78, jan./jun. 2011.

Porém, destaca-se que tal crescimento não se sustentou por muito tempo, pois, poucos anos depois, o país enfrentou uma das maiores crises da história do ponto de vista econômico, pois a taxa de desemprego no ano de 2018 atingiu a marca de 12,4% (doze vírgula quatro por cento), o que representa quase 13 (treze) milhões de pessoas desempregadas. O índice de desemprego, que atingiu o ápice no primeiro trimestre de 2017, quando marcou 13,7% (treze vírgula sete por cento), está entre os piores da série histórica, que existe desde 2012 e é medida por meio da Pesquisa Nacional por Amostra de Domicílios (PNAD) realizada pelo Instituto Brasileiro de Geografia e Estatística (IBGE).[151]

Além disso, em janeiro de 2018, foi publicada pelo IBGE pesquisa que demonstra que os trabalhadores sem carteira assinada e "por conta própria" (conforme classificação do órgão pesquisador) superaram o número de empregados com vínculo empregatício em 2017, pela primeira vez na história. [152]

A partir dessa análise, o que se percebe é que a relação de emprego vem perdendo força no mercado de trabalho. Por outro lado, as demais modalidades de trabalho estão ganhando espaço, inclusive superando o emprego, como aconteceu recentemente. Levando em consideração este cenário, acredita-se que as normas reguladoras do emprego não estão em sintonia com o mercado de trabalho, ou seja, economia e direito não estão caminhando juntos e com isso se tem um ciclo vicioso: sem uma economia forte, não se tem trabalho e vice-versa.

3.1.2. A crise (?) do Direito do Trabalho

A crise pode ser estimada como um fator de cisão, indicando que algo na sociedade não está alinhado e fazendo com que ela se mova criando uma verdadeira desordem em algum aspecto (seja ele social, político ou econômico).[153]

Mas vale ressaltar que, por vezes, a crise pode atingir ao mesmo tempo diversos sistemas, tal como acontece com a crise que atualmente se verifica, sendo que esta possui características distintivas: larga escala de abrangência (até mesmo mundial) e também um alto grau de

---

[151] IBGE. Pesquisa nacional por amostra de domicílio – PNAD. *O que é.* Disponível em: <https://www.ibge.gov.br/estatisticas/sociais/trabalho/9127-pesquisa-nacional-por-amostra-de-domicilios.html?=&t=o-que-e>. Acesso em: 09 julho de 2019.

[152] Ildem.

[153] WIEVIORKA, Michel. Crise financeira ou mutação social? *In:* CASTELLS, Manuel; CARDOSO, Gustavo; CARAÇA, João (Org.). *A crise e seus efeitos*: as culturas econômicas da mudança. São Paulo: Paz e Terra, 2013. p. 131-158.

gravidade das suas consequências, atingindo vários setores e áreas, como as econômicas, ambientais, democráticas, dentre outras.[154]

Talvez as crises tenham se tornado mundiais porque a própria sociedade assim se tornou à medida que a economia passou a ter essa mesma escala (tanto o capital como os trabalhadores passaram a se locomover por todo o mundo num fluxo intenso), com isso, o próprio consumo tomou um alcance muito maior, fazendo com que se formasse uma verdadeira "rede" que conecta esses elementos.[155]

A verdade é que o fenômeno da globalização enlaça uma interdependência entre as distintas populações do mundo. Através dele, as fronteiras entre os fluxos de bens e serviços passam a ser inexistentes, assim como no âmbito comercial, que, viabilizada pela incessante comunicação, necessita de uma nova estrutura do espaço e das distâncias, por uma parte, e do tempo, por outra,[156] alterando o panorama mundial, pois tudo parece ter-se "aproximado" mais.

Então, pode-se afirmar que muitas mudanças ocorreram na sociedade, surgindo no mercado novos materiais químicos e tecnologia informática, permitindo inovações em todos os ramos da produção e novas técnicas de organização produtiva e empresarial, como as operações internacionais mais frequentes. Ademais, o avanço tecnológico permitiu a criação de novos postos de trabalho e fez com que tantos outros desaparecessem. Mas não é só isso, surgiram alternativas na forma de se de trabalhar com a propagação do labor em plataformas digitais e do teletrabalho,[157] por exemplo. Veja-se que não se está diante apenas de surgimento ou extinção de determinadas profissões, mas sim, da forma como o trabalho é exercido e encarado pela sociedade.

Todas essas mudanças acarretam quebra de paradigmas sociais e fazem com que os sistemas de uma sociedade capitalista se desalinhem, gerando por vezes as crises, especialmente em momentos de transição constante e disruptiva. Desta forma, enxerga-se a crise como algo inerente à sociedade e que precisa ser superada para uma posterior ordenação das esferas políticas, sociais, econômicas, etc.

Adentrando então, mais especificamente, na seara do direito do trabalho, foco deste tópico, pode-se afirmar que quando há crises

---

[154] TORTOSA, José Maria. Crisis: no una, sino varias; es decir, una. Consecuencias económicas y sociales de la crisis mundial. *Revista de Estudios Sociales y de Sociología Aplicada*, n. 158, p. 15-30, jul./set. 2010.

[155] CASTELLS, Manuel. *La sociedade red*: la era de la información: economía, sociedad y cultura. 2. ed. Madrid: Alianza, 2001, v. 1.

[156] FINCATO, Denise Pires; SILVA, Jaqueline Mielke. Interpretação sistêmica e sustentabilidade jurídica: a necessária (re)construção do Direito do Trabalho. *Revista Chilena de Derecho del Trabajo y de la Seguridad Social*, v. 10, n. 19, p. 1-24, 2019.

[157] Idem.

econômicas, há uma retração nas vagas de emprego, que acarreta no aumento dos índices desemprego e, em consequência, há uma necessidade de alterar as normas trabalhistas, flexibilizando-as sob o pretexto de manutenção dos postos de trabalho e da sobrevivência econômica das empresas.[158]

Observa-se que a crise econômica afeta diretamente o ser humano porque atinge o trabalho, sua forma de sobrevivência. Ao chegar ao trabalho, o debate naturalmente recai sobre o Direito do Trabalho, que acaba sendo responsabilizado por essa crise, mesmo que não unicamente.[159] Assim, nas palavras de Fincato e Silva: "as crises econômicas quebraram diversos paradigmas em países de índole «social» e fizeram ali desconstruir-se o Direito do Trabalho tradicional, eminentemente protetivo e inibidor, para erigir-se um novo modelo, pautado na sustentabilidade, na liberdade contratual e na flexisegurança".[160]

A referida desconstrução do Direito do Trabalho tradicional pode ser averiguada no próprio objetivo desta ciência, que sempre esteve calcada no princípio da proteção ao trabalhador, porém, ao se averiguar que cada vez menos o cidadão brasileiro tem acesso a esta proteção, parece que ela se torna sem efeito, pelo menos, sem o efeito esperado, afinal, não parece plausível que se tenha normas de regulação e proteção aos empregados que são hipossuficientes em relação à empresa se cada vez menos pessoas conseguem ter acesso a esse Direito.

Neste sentido, Otávio Pinto e Silva:

> A realidade demonstra que a simples inserção de um grande número de direitos trabalhistas na Constituição ou na lei não basta, por si só, para garantir a tutela aos trabalhadores: é indispensável que estes tenham acesso a tais direitos, o que só é possível mediante a contratação formal, no mercado regular.
>
> O debate sobre a economia informal, dessa maneira, passa pela necessária mudança da estrutura legal, pois é insuportável essa divisão dos operadores do mundo do trabalho em "incluídos" e "excluídos" ou "formais e "informais".[161]

Em consequência desta constatação, para o autor, seria possível afirmar que se está diante de uma crise do Direito do Trabalho. Nesse sentido, a professora portuguesa Maria do Rosário Palma Ramalho,[162]

---

158 FELTEN, Maria Claudia; FINCATO, Denise Pires. Reforma trabalhista: contribuição sindical facultativa e futuro dos sindicatos no Brasil. *Revista Magister de Direito do Trabalho*, a. XIV, n. 81, p. 16-37, nov./dez. 2017.

159 Idem.

160 FINCATO, Denise Pires; SILVA, Jaqueline Mielke. Interpretação sistêmica e sustentabilidade jurídica: a necessária (re)construção do Direito do Trabalho. *Revista Chilena de Derecho del Trabajo y de la Seguridad Social*, v. 10, n. 19, p. 1-24, 2019.

161 SILVA, Otávio Pinto. A modernização do direito do trabalho. *Revista da Faculdade de Direito da Universidade de São Paulo*, São Paulo, n. 94, 1999. Disponível em: <http://www.revistas.usp.br/rfdusp/article/view/67439>. Acesso em: 10 jul. 2019.

162 RAMALHO, Maria do Rosário Palma. *Direito do trabalho*. Coimbra: Almedina, 2005. p. 48.

em sua obra, em 2005, já referia o fenômeno da crise apontando que o Direito do Trabalho atravessou diversas fases: a consolidação na década de 1920; a publicização, no período corporativista; o relançamento, ocorrido entre os anos de 1950 e 1970 e, por fim, a crise, a partir da década de 1970 até a atualidade.

Ressalta-se que o termo "crise" está sendo utilizado com a finalidade de demonstrar a necessidade de revisitação do Direito do Trabalho, em decorrência das mudanças ocorridas na sociedade e no mercado de trabalho, pois como já mencionado, ela tem um sentido de reorganização da sociedade e das áreas que a impactam (dentre elas, o Direito como um todo), bem como referido pelo professor Nelson Mannrich:

> Crise indica ruptura no funcionamento de um determinado sistema, podendo ainda sugerir a revisão de valores e de princípios fundantes de uma determinada ciência. A expressão crise do Direito do Trabalho parece indicar mudança profunda ou revisão das bases que deram sustentação e autonomia a essa ciência jurídica. Em outras palavras, parte-se do pressuposto de que certas bases sobre as quais se assentava determinado sistema, no caso o Direito do Trabalho, devem ser revisitadas, repensadas ou até abandonadas, em face das novas realidades e diferentes concepções de valores.[163]

Já Arion Sayão Romita[164] discorda da utilização do termo "crise" do Direito do Trabalho, mesmo que também faça referência à necessidade de adaptação da legislação trabalhista às novas realidades de globalização e de inovação tecnológica, sendo que estes são fatores referidos pela professora portuguesa Kovács como impulsionadores do que ela chama de crise do emprego:

> Há um conjunto de factores em interacção que provocam a crise do emprego, nomeadamente a globalização da economia com a preponderância do capital financeiro, a difusão das TIC, o predomínio da política económica neoliberal, a divisão internacional do trabalho, a reestruturação das empresas, bem como a debilidade dos sindicatos e o desequilíbrio de forças no mercado de trabalho.[165]

Assim, ao retomar a ideia já posta nesta pesquisa de que o Direito do Trabalho deve acompanhar o desenvolvimento da sociedade e juntar com o que foi observado nas pesquisas sobre o mercado de trabalho, parece evidente que se tem uma necessidade de revisitação desta ciência jurídica. O trabalho do século passado, do chão de fábrica, para o qual foi pensada a legislação laboral, necessita de uma nova interpre-

---

[163] MANNRICH, Nelson. Tendências atuais relativas ao âmbito pessoal do direito do trabalho em Portugal, Espanha e Brasil. *Revista de Direito do Trabalho*, São Paulo, v. 34, n. 130, abr./jun. 2018. p. 206.

[164] ROMITA, Arion Sayão. A crise do critério da subordinação jurídica – necessidade de proteção a trabalhadores autônomos e parassubordinados. *Revista de Direito do Trabalho*, São Paulo, a. 31, n. 117, jan./mar. 2005. p. 42.

[165] KOVÁCS, Ilona. *Flexibilidade e precariedade do emprego*. Portugal: Janus, 2008. Disponível em: <http://repositorio.ual.pt/handle/11144/1383>. Acesso em: 09 jul. 2019.

tação, pois não condiz com a realidade vislumbrada no século atual. Neste sentido comunga-se dos dizeres de Cassio de Mesquita Barros:

> A economia e a sociedade são, na verdade, as circunstâncias que simultaneamente cercam e rodeiam o direito do trabalho. Essas circunstâncias sociais e econômicas estão submetidas a um processo de mudanças permanentes, embora conservem a mesma estrutura de base. Quando o direito do trabalho começa a se consolidar como matéria de direito no século XX, o mundo do trabalho não se parece mais com o mundo em que o direito se inspirou.[166]

Assim, como visto no tópico anterior, na realidade brasileira não houve uma consolidação total do modelo fordista de produção, e o mercado de trabalho permaneceu marcado pela heterogeneidade de vínculos laborais. A existência de uma nova variedade de vínculos contratuais resulta no que Oliveira e Piccinini denominam de uma ampliação dos mercados de trabalho, como por exemplo no estágio não obrigatório e no trabalho *free-lance* nas áreas de jornalismo.[167]

É sob esta visão de heterogeneidade do crescimento da mão de obra que se encontra fora do grupo regido pela CLT que os referidos autores afirmam que surge um mercado de trabalho mais flexível, que acaba por dividir os trabalhadores periféricos em dois segmentos: o primeiro, abrangendo o mercado secundário de emprego, no qual estariam trabalhadores com tarefas e competências menos complexas; o segundo, integrando diferentes tipos de trabalhadores com qualificações mais elevadas que operam *part-time* ou com contratos de prestação de serviços.[168]

Segundo os autores, o segmento primário continua a sustentar a estabilidade da produção e a manutenção de uma demanda constante; e o segmento secundário contribui para reduzir o custo das empresas, assegurando a flexibilidade da produção. Essa segmentação do mercado de trabalho se manifestaria nas economias por meio do estabelecimento de contratos de duração determinada, a extensão do trabalho temporário, entre outros.[169] Nessa linha, Noronha refere uma tendência dos países desenvolvidos em relação ao trabalho enquanto gênero da espécie: "novos processos de trabalho e tecnologias", que exigiram outras variações de contratos.[170]

---

[166] BARROS, Cassio de Mesquita. Passado, presente e futuro do Direito do Trabalho. *Revista de Direito do Trabalho*, v. 110, p. 30-45, abr./jun. 2003.

[167] OLIVEIRA, Sidnei Rocha de; PICCININI, Valmiria Carolina. Mercado de trabalho: múltiplos (des)entendimentos. *Revista de Administração Pública*, Rio de Janeiro, p. 1517-1538, set./out. 2011.

[168] Idem.

[169] Idem.

[170] NORONHA, Eduardo G. "Informal", ilegal, injusto: percepções do mercado de trabalho no Brasil. *Revista Brasileira Ciências de Sociais*, v. 18, n. 53, p. 111-129, 2003.

Diante deste cenário e do contexto histórico brasileiro que se apresenta, parece que Jeremy Rifkin foi assertivo na sua constatação de que o fim dos empregos se aproximava, ressaltando a perda do valor do trabalho na economia formal. Apesar de assustadora, a temida "profecia" do citado autor, aponta que "encontrar uma alternativa ao trabalho formal na economia de mercado é a tarefa crítica para cada país na Terra".[171]

Neste mesmo sentido, ensina Harari:

> Para lidar com as rupturas tecnológicas e econômicas inéditas do século XXI, precisamos desenvolver novos modelos sociais e econômicos o quanto antes. Esses modelos deveriam ser orientados pelo princípio de que é preciso proteger os humanos e não os empregos. Muitos empregos são uma faina pouco recompensadora, que não vale a pena salvar. Ser caixa não é o sonho de vida de ninguém. Deveríamos nos focar em prover necessidades básicas das pessoas e em proteger seu status social e sua autoestima.[172]

Seguindo a ideia de alternativas ao mercado formal, Kovács aponta que há uma tendência crescente para a diversificação e heterogeneidade do trabalho e do emprego, sem que isso signifique os seus fins, sendo que esta tendência já vem sendo demonstrada nas pesquisas anteriormente referidas. A autora acredita numa era de modalidades flexíveis no trabalho e acrescenta que isso pode significar precarização, mas também pode ser entendida com outro viés:

> [...] a flexibilidade pode ser encarada numa perspectiva mais qualitativa que se promove pelas novas formas de organização do trabalho inseridas na lógica da "via alta" que implica altos níveis de produtividade, altos salários, alto nível de qualidade de vida e direitos sociais.[173]

A necessidade da flexibilização laboral vem ganhando adeptos especialmente em decorrência das diversas formas de relacionamento laboral, de consumo e de serviços que surgiram nos últimos anos e que parecem estar na chamada "zona cinzenta" entre subordinação e autonomia, sendo uma dessas relações a chamada *peer to peer* difundida pelo fenômeno da economia do compartilhamento e que será melhor aprofundada no próximo capítulo.

Portanto, diante da premissa de que haveria uma "crise" do Direito do Trabalho, e tendo em vista o movimento de flexibilização das relações trabalhistas, cada vez mais impulsionados pela tecnologia e

---

171 RIFKIN, Jeremy. *O fim dos empregos*: o declínio inevitável dos níveis dos empregos e a redução da força global de trabalho. Tradução de Ruth Gabriela Bahr. São Paulo: Makron Books, 1995. p. 338.

172 HARARI, Yuval Noah. *21 lições para o século 21*. Tradução de Paulo Geiger. São Paulo: Companhia das Letras, 2018. p. 61.

173 KOVÁCS, Ilona. *Flexibilidade e precariedade do emprego*. Portugal: Janus, 2008. Disponível em: <http://repositorio.ual.pt/handle/11144/1383>. Acesso em: 09 jul. 2019.

pelas novas formas de prestação de labor, Cassio de Mesquita Barros aponta a necessidade de uma adequação das regras para que haja uma relação de maior afinidade entre economia e Direito do Trabalho:

> As relações entre a economia e o direito do trabalho são múltiplas e a influência das regras de direito do trabalho sobre o mercado de trabalho é considerável.
>
> Por isso, não surpreende que o direito do trabalho seja acusado de causar desenvolvimento negativo do mercado de trabalho, notadamente nos índices de desemprego elevado. Os representantes do direito do trabalho, até o presente momento, ignoram em grande medida essas críticas.
>
> Quando uma empresa não pode mais reagir flexivelmente às exigências do mercado porque o direito do trabalho lhe impede, *é preciso adaptar as regras às circunstâncias.* Se essa medida não for suficiente deve-se abolir a regra.[174]

Essa interação entre sistemas para uma verdadeira adequação à realidade se faz imprescindível, pois como bem referido por Fincato e Silva:

> [...] é mais do que hora de se deixar impregnar o Direito pelas questões que lhe são as verdadeiramente formadoras: os anseios da sociedade, a influência da economia, o avanço tecnológico, as repercussões da globalização, tudo isso deve estar contido naquilo que se entende por Direito do Trabalho.[175]

Desta forma, a partir das mudanças de paradigmas advindos das alterações da sociedade, em especial da globalização e dos avanços tecnológicos que acabam resultando em crises como a do Direito do Trabalho, imprescindível que ele seja revisitado para fins de um afinamento com a realidade, caso contrário: "o Direito do Trabalho já não se sustentará, sequer como instrumento para o alcance da justiça social, quanto mais como ramo autônomo da ciência jurídica, o que o levará à perda de sentido".[176]

Assim, após exposto neste tópico o cenário do mercado de trabalho brasileiro e a crise que afeta a seara laboral, necessário para dar prosseguimento nas hipóteses desta pesquisa, que sejam averiguadas as possibilidades de espécies de contrato de trabalho que o ordenamento jurídico brasileiro (em crise) possibilita atualmente aos motoristas de aplicativos (empregado ou autônomo), para após, então, se apresentarem alguns exemplos de ordenamentos estrangeiros (Itália e Espanha) que adotam um sistema mais "flexibilizador" das normas laborais, com intuito de se adequar às novas realidades que já foram aqui suscitadas.

---

[174] BARROS, Cassio de Mesquita. Passado, presente e futuro do Direito do Trabalho. *Revista de Direito do Trabalho*, v. 110, p. 30-45, abr./jun. 2003.

[175] FINCATO, Denise Pires; SILVA, Jaqueline Mielke. Interpretação sistêmica e sustentabilidade jurídica: a necessária (re)construção do Direito do Trabalho. *Revista Chilena de Derecho del Trabajo y de la Seguridad Social*, v. 10, n. 19, p. 1-24, 2019.

[176] Idem.

3.2. Relação de emprego

A relação de emprego decorre de uma evolução da sociedade ocorrida no período Industrial e erige o Direito do Trabalho como ramo jurídico autônomo, cujo objetivo é equilibrar as forças entre as partes da relação laboral: empregador e empregado, sendo este a parte mais frágil da relação e destinatário da maioria das normas protetivas criadas.

Esta proteção é destinada aos trabalhadores que preenchem os requisitos que foram elencados pela CLT em 1943 e são considerados empregados. Assim, para que se compreenda o instituto da relação de emprego, inicia-se com uma breve abordagem histórica do nascimento da relação empregatícia e posteriormente faz-se a apresentação dos seus elementos caracterizadores.

3.2.1. Abordagens históricas das relações jurídicas que envolvem o trabalho: relação de direito real e relação de direito pessoal

A compreensão do instituto da relação de emprego exige uma breve retrospectiva histórica e conforme ensinamentos de Mozart Victor Russomano,[177] pode ser abordada a partir de uma divisão clássica das relações jurídicas: relações de direito real e relações de direitos pessoal.

Nas palavras do referido autor:

> Nas relações jurídicas de direito real, a prerrogativa do titular do direito recai, sempre sobre uma coisa. Nas relações jurídicas de direito pessoal, o poder do titular do direito, credor, é exercido contra outra pessoal, devedor, titular da obrigação, e o objeto, sempre, é a prestação de dar, fazer ou não fazer a que o devedor está obrigado perante o credor.[178]

Sabe-se que as relações de trabalho nas sociedades organizadas existem desde o instante em que alguém aproveitou o trabalho de outrem para produzir bens ou serviços, porém, essas relações foram se modificando quanto a sua estrutura e natureza ao longo dos séculos.

Então, novamente conforme Russomano, pelos menos cinco fases de relações de trabalho podem ser apontadas, a iniciar pelo: (i) regime de escravidão, sendo que o elemento caracterizador desta fase é a ausência de dignidade de pessoa para com o trabalhador, pois este é considerado como uma coisa, podendo ser vendido, doado, trocado, ou seja, era uma relação jurídica de direito real. [179]

---

177 RUSSOMANO, Mozart Victor. *Contrato individual de trabalho*. Porto Alegre: Sulina, 1966, p. 17.

178 Idem, p. 17.

179 Idem, p. 18.

Pós-era da escravatura, aos poucos se inicia uma evolução no sentido de pessoalização dessa relação de direito real e então, na Idade Média, se modificou a organização econômica e se passou a observar como característica da produção o latifúndio e a grande propriedade rural outorgada aos senhores feudais. Assim, iniciou o (ii) regime da servidão, no qual os camponeses trabalhavam sobre a terra e a ela estavam vinculados estreitamente, mas jamais poderiam se tornar proprietários. Importante destacar o fato de que o servo da gleba, ao contrário do escravo da antiguidade, não era, para fins de lei, visto como uma coisa, e sim, como uma pessoa, capaz de direito e obrigações. Então, a partir deste momento histórico, mesmo que de forma lenta, iniciou-se o processo de transformação da relação de direito do trabalho em uma relação de direito pessoal.[180]

Ainda na Idade Média tem-se o (iii) regime das corporações, que se tratava de "um círculo dentro do qual se aglutinam os produtores para a defesa de seus próprios interesses"[181] Dentro das corporações, o trabalho passou a ser organizado em três camadas superpostas: os aprendizes, os companheiros e os mestres.

Após, passou-se ao (iv) regime das manufaturas, no qual o soberano local concedia a certa pessoa o monopólio da atividade econômica em determinado espaço territorial. Neste período histórico o trabalhador aderia à manufatura e às condições de trabalho que eram previamente estabelecidas no estatuto e eram remunerados pelo serviço executado. Porém, não havia a possibilidade de o trabalhador recusar as condições de serviço unilateralmente estabelecidas no estatuto da manufatura, ou seja, o funcionamento se dava em regime de absoluto monopólio, sem que fosse considerada a vontade livre do trabalhador. [182]

Por fim, o contrato que aparece com o revestimento de uma relação jurídica de trabalho, já em plena Idade Moderna, foi o (v) regime do salariado, que foi consequência do liberalismo econômico e do individualismo político do século XVIII, resultante da Revolução Francesa. O trabalhador, enquanto ser livre e independente de sua condição social e econômica, passou a ter e exercer a sua autonomia da vontade individual, adentrou-se na era do contratualismo.[183] Então, neste instante, a relação jurídica de trabalho (no sentido *lato* da expressão), deu origem a uma nova relação de trabalho, reconhecida *sui generis*, denominada de relação de emprego.[184]

---

[180] RUSSOMANO, Mozart Victor. *Contrato individual de trabalho*. Porto Alegre: Sulina, 1966, p. 19-20.

[181] Idem, p. 20.

[182] Idem, p. 22.

[183] Idem, p. 23.

[184] Idem, p. 23.

3.2.2. *Natureza jurídica da relação de emprego: teoria contratualista e anticontratualista*

Quanto à natureza jurídica da relação de emprego, há, basicamente, três correntes doutrinárias divididas nas seguintes teorias: (i) contratualistas tradicionais, (ii) anticontratualistas e (iii) contratualistas modernas.[185]

As (i) Teorias Contratualistas tradicionais buscam explicar o contrato de emprego à luz de outros contratos comutativos, civis e correlatos. Sendo que a primeira aproximação se dá com o contrato de locação e arrendamento, que possuem sua origem no Direito Romano.[186]

No período em que o trabalhador era visto como uma coisa, no Direito Romano, havia as convenções concernentes ao trabalho, que funcionavam sob o esquema da *locatio conductio*, no qual uma das partes se obrigava a fornecer a outra o uso ou gozo de uma coisa, mediante uma retribuição. Era possível, então, identificar três espécies de locação: a *locatio rei* (locação de coisa), a *locatio operarum* (locação de serviços) e a *locatio operis* (locação de obra), sendo que nas duas últimas tem-se como objeto o trabalho humano. [187]

Dellagrave refere que, dentro da teoria contratualista, há quem aponte o contrato de emprego como um contrato de sociedade, sendo que o empregado participa com o trabalho, e o empresário, com o capital. Porém, o mesmo autor refere ser infundada esta teoria, já que o risco econômico e o lucro integral são exclusivos do empregador. Além disso, empregado e empregador possuem objetivos e interesses opostos: "para o empregado, auferir o salário pactuado, enquanto para o empresário, utilizar-se da mão de obra do obreiro e dela extrair o lucro máximo possível".[188]

No que se refere às (ii) teorias anticontratualistas, como o próprio nome já sugere, insta observar que elas negam a natureza jurídica contratual da relação de emprego. Dentre essas teorias, duas merecem destaque, sendo a primeira a teoria da "Relação de Trabalho", que "despreza o elemento volitivo como propulsor do contrato de trabalho, asseverando que os seus efeitos emanam da própria teoria do serviço".[189]

---

[185] DELLAGRAVE NETO, José Afonso. *Contrato individual de trabalho*: uma visão estrutural. São Paulo: LTr, 1998. p. 65.

[186] Idem, p. 65.

[187] OJEDA AVILÉS, Antonio. *Las cien almas del contrato de trabajo*. Pamplona: Aranzadi, 2017. p. 181.

[188] DELLAGRAVE NETO, José Afonso. *Contrato individual de trabalho*: uma visão estrutural. São Paulo: LTr, 1998. p. 66.

[189] Idem, p. 66.

Assim, o que interessa é o que ocorre na realidade dos fatos, de tal modo que a relação empregatícia seria uma situação jurídica objetiva.

Essa teoria parte do princípio de que a vontade e a liberdade não cumprem um papel significativo e necessário na constituição e desenvolvimento do vínculo de trabalho subordinado, ou seja, é da prática de atos de emprego no mundo real que enseja a fonte das relações jurídicas de trabalho, não importando a vontade das partes e por isso afasta a ideia de contrato (ajuste de vontades).[190]

A segunda corrente de destaque dentro das teorias anticontratualistas foi denominada de "Institucionalista" e se assemelha à corrente anterior, mas entendendo que a relação de emprego configuraria um tipo jurídico em que as ideias de autonomia e de liberdade não são relevantes.[191]

Maurício Godinho Delgado aponta que a construção desta teoria se dá a partir do entendimento da empresa como uma instituição, "um corpo social que se impõe objetivamente a um certo conjunto de pessoas e cuja permanência e desenvolvimento não se submetem à vontade particular de seus membros componentes". Assim, o empregado está inserido no quadro da relação de emprego em face do contexto institucional, de uma situação fundamentalmente estatutária e objetiva, não havendo a iniciativa pessoal por parte do empregado quando este se insere na empresa.[192]

Por fim, a (iii) Teoria Contratualista Moderna é aquela que mantém o caráter contratual trazido pelas teorias tradicionais, porém, não tem a pretensão de fazer a conexão do contrato de emprego com um contrato civil específico (locação, compra e venda, comodato). Essa relação do trabalho com os contratos civis teve expansão com o Código Napoleônico (1804) e o *Bürgerliches Gesetzbuch* (BGB) alemão (1900), e após, em quase todos os códigos civis novecentistas, época do Estado Liberal, no qual o discurso era da valorização da autonomia privada. Porém, no século XX, surge o movimento reacionário ao liberalismo que buscava restaurar a "justiça contratual", então, sob o domínio de um Estado intervencionista (o Estado Social), buscava-se desvincular a relação de emprego dos contratos civis.[193]

Assim, com a emancipação do Direito do Trabalho, fenômeno histórico considerado novo, resgatou-se a ideia de natureza jurídica

---

[190] DELGADO, Maurício Godinho. *Curso de direito do trabalho*. 16. ed. São Paulo: LTr, 2017. p. 340.

[191] DELLAGRAVE NETO, José Afonso. *Contrato individual de trabalho*: uma visão estrutural. São Paulo: LTr, 1998. p. 67.

[192] DELGADO, Maurício Godinho. *Curso de direito do trabalho*. 16. ed. São Paulo: LTr, 2017. p. 343.

[193] DELLAGRAVE NETO, op. cit., p. 68.

contratual da relação de emprego, porém, de forma autônoma, não admitindo a sua vinculação aos contratos civis.

A natureza jurídica contratual do emprego tem como elemento essencial a vontade e a liberdade – fundamental para distinguir o emprego das demais formas de relação de trabalho existentes no período anterior ao século XIX – mas deve-se destacar que se trata de uma vontade limitada, pois não é dirigida ao conteúdo do vínculo do contrato, mas sim, para definir sobre a efetiva pactuação do vínculo.[194]

Assim, Ruprecht[195] aponta que a autonomia do contrato de trabalho permite diferenciá-lo dos contratos tradicionais (civis), possuindo características jurídicas próprias que demonstram que o contrato de trabalho é: oneroso, sinalagmático, comutativo, consensual, pessoal e de trato sucessivo.

Desta forma, possível concluir que dentro da relação de emprego existe um vínculo obrigacional que une o empregado ao empregador, que é denominado de contrato de trabalho e, portanto, este contrato nada mais é do que o ato jurídico que cria a relação de emprego,[196] umas das espécies de relação de trabalho, regulada pela CLT.

3.2.3. *Supostos da relação de emprego*

A legislação brasileira, de forma predominante, limita o campo de aplicação das normas de Direito do Trabalho, ou seja, não alcançam todas as formas de prestação de labor, mas apenas o trabalho dependente, denominado de emprego. A CLT apresenta nos seus artigos 2º[197] e 3º[198] o conceito de empregado e empregador, respectivamente, e a

---

[194] DELGADO, Maurício Godinho. *Curso de direito do trabalho*. 16. ed. São Paulo: LTr, 2017. p. 339.

[195] "El contrato de trabajo ha adquirido un desarrollo tal que le ha dado una autonomía que le permite diferenciarlo de los contratos tradicionales". Cf. RUPRECHT, Alfredo J. *Contrato de trabajo*: principios generales y legislación comentada. Buenos Aires: Omeba, 1960. p. 11.

[196] RUSSOMANO, Mozart Victor. *Contrato individual de trabalho*. Porto Alegre: Sulina, 1966, p. 23.

[197] Art. 2º. Considera-se empregador a empresa, individual ou coletiva, que, assumindo os riscos da atividade econômica, admite, assalaria e dirige a prestação pessoal de serviço. § 1º. Equiparam-se ao empregador, para os efeitos exclusivos da relação de emprego, os profissionais liberais, as instituições de beneficência, as associações recreativas ou outras instituições sem fins lucrativos, que admitirem trabalhadores como empregados. § 2º. Sempre que uma ou mais empresas, tendo, embora, cada uma delas, personalidade jurídica própria, estiverem sob a direção, controle ou administração de outra, ou ainda quando, mesmo guardando cada uma sua autonomia, integrem grupo econômico, serão responsáveis solidariamente pelas obrigações decorrentes da relação de emprego. § 3º. Não caracteriza grupo econômico a mera identidade de sócios, sendo necessárias, para a configuração do grupo, a demonstração do interesse integrado, a efetiva comunhão de interesses e a atuação conjunta das empresas dele integrantes.

[198] Art. 3º. Considera-se empregado toda pessoa física que prestar serviços de natureza não eventual a empregador, sob a dependência deste e mediante salário. Parágrafo único – Não haverá distinções relativas à espécie de emprego e à condição de trabalhador, nem entre o trabalho intelectual, técnico e manual.

partir destes artigos, é possível extrair o que a majoritária doutrina denomina de "elementos caracterizadores"[199] da relação de emprego, sendo eles: pessoalidade, não eventualidade, onerosidade e subordinação.

Paulo Emílio Ribeiro de Vilhena, de forma mais aprofundada, considera a relação de emprego a partir da sua estrutura e aponta que a sua análise deve-se dar a partir dos *requisitos* e *pressupostos* da relação que possuem a função jurídica de fisionomizar o conceito.[200] É através da Teoria Geral do Processo que Vilhena busca o suporte para sustentar sua teoria, ressaltando que é indispensável que se distinga essa "fenomenalização da vida jurídica" que se expressa em momentos diferentes:

> Observa-se que, via de regra, quando se fala em "pressuposto", se está no terreno da existência ou não existência do *fenômeno jurídico*; se se fala "requisito", já se alcança etapa superveniente, que é a da validade ou não do *fenômeno jurídico*; ao ser abordada a "condição", ganha-se a linha de eficácia ou de extinção do *fenômeno jurídico*.[201]

Desta forma, utilizando-se dos conceitos processuais no direito material, mais especificamente na esfera trabalhista, o autor afirma que o conceito de empregado, enquanto conceito jurídico, assenta-se sobre os pressupostos, pois estes aparecem na formação do ato jurídico. Os requisitos só irão aparecer quando do exame da relação de trabalho ou do contrato de trabalho, pois contam com a presença dos elementos fáticos e jurídicos que autorizam que se conceba a relação jurídica.[202]

Assim, pode-se dizer que os requisitos da relação de emprego são: empregado e empregador, enquanto figuras já existentes e definidas no plano formal da validade e da eficácia das normas que as conceituam. Já os pressupostos da relação de emprego são os elementos fático-pessoais que levam à definição das pessoas do empregado e do empregador.[203]

Diante do exposto, percebe-se que para configurar uma relação de emprego, é necessária a figura do empregado e do empregador, conforme referido nos artigos 2° e 3° da CLT. Quanto à figura do empregador no âmbito trabalhista, sua análise se mistura com os pressupostos

---

[199] Citam-se como referência as obras de DELLAGRAVE NETO, José Afonso. *Contrato individual de trabalho*: uma visão estrutural. São Paulo: LTr, 1998. p. 61; RUPRECHT, Alfredo J. *Contrato de trabajo*: principios generales y legislación comentada. Buenos Aires: Omeba, 1960. p. 47.

[200] VILHENA, Paulo Emílio Ribeiro de. *Relação de emprego*: estrutura legal e supostos. 3. ed. São Paulo: LTr, 2005. p. 390.

[201] VILHENA, Paulo Emílio Ribeiro de. O pressuposto, o requisito e a condição na Teoria Geral do Direito e no Direito Público. *Revista de Informação Legislativa*, Brasília, p. 116-128, abr./jun. 1974. Disponível em: <https://www2.senado.leg.br/bdsf/bitstream/handle/id/180797/000349622.pdf?sequence=1>. Acesso em: 03 de jun. 2019.

[202] VILHENA, *Relação de emprego*, op. cit., p. 392-393.

[203] Idem, p. 393.

para caracterização do empregado, mas para fins didáticos refere-se que para sua configuração é necessário: pessoa jurídica ou física, a assunção dos riscos da atividade econômica, admissão, pagamento de salário e direção da prestação pessoal de serviço.

Maiores discussões residem nos pressupostos de configuração do empregado, pois é a partir destes que irá se averiguar se uma relação fática é classificada como uma relação de emprego ou uma relação de trabalho em sentido genérico, sendo eles:

a) **Prestação pessoal de serviço a outrem**: a pessoalidade é o que pontua o trabalho humano em contraposição ao trabalho dos animais e das máquinas. É um suposto básico e direto de responsabilidade e titularidade, assim, independente do lapso de duração o vínculo empregatício se forma entre a pessoa do trabalhador com a do empregador.[204]

Aponta-se que essa natureza *intuitu personae* do contrato de trabalho se refere ao empregado, "o que leva à inviolabilidade de substituições de posições jurídicas, de um relativamente ao outro".[205] Dallegrave Neto também ressalta que a pessoalidade se limita à figura do empregado, pois o obreiro contratado que é insubstituível na relação de emprego: "porque o empregador, quando celebra o contrato de trabalho, objetiva a prestação do serviço daquele determinado empregado".[206]

Dentro deste pressuposto da pessoalidade, Dellagrave Neto refere que o empregado é sempre uma pessoa física, enquanto o empregador pode ser tanto uma pessoa física (ex. empregador doméstico) como jurídica. Outros autores, como Delgado, dividem o referido pressuposto em pressuposto da pessoalidade e pressuposto da pessoa física, assim, ao invés de quatro pressupostos totais, fala-se em cinco. Porém, ressalta-se que a ideia central permanece inalterada, ou seja, nas palavras de Delgado "assim, a figura do trabalhador há de ser, sempre, uma pessoa natural".[207]

Assim, um empregado, pessoa física, prestará sua força de trabalho ao empregador de forma pessoal, não podendo se fazer substituir por outra pessoa, caso contrário o vínculo empregatício poderá se dar tanto com o empregado quanto com o "trabalhador substituto". Ainda, caso o prestador de serviço não seja uma pessoa física, já não haverá a configuração de uma relação de emprego, retirando a discussão da seara trabalhista.

---

[204] VILHENA, Paulo Emílio Ribeiro de. *Relação de emprego*: estrutura legal e supostos. 3. ed. São Paulo: LTr, 2005. p. 396-397.

[205] Idem, p. 397.

[206] DELLAGRAVE NETO, José Afonso. *Contrato individual de trabalho*: uma visão estrutural. São Paulo: LTr, 1998. p. 61.

[207] DELGADO, Maurício Godinho. *Curso de direito do trabalho*. 16. ed. São Paulo: LTr, 2017. p. 315.

b) **Não eventualidade**: Vilhena refere a dificuldade da doutrina nacional e estrangeira em definir a eventualidade e alerta que "o elemento tempo sempre ganhou a maior consideração na conceituação jurídica da eventualidade"[208] e completa que o elemento tempo "está na raiz do trabalho eventual como na do trabalho que se qualifica efetivo".[209]

Com o fito de conceituar a eventualidade com maior clareza, a doutrina apresenta algumas teorias:

(i) teoria da descontinuidade, que alega que o trabalho eventual seria aquele descontínuo e interrupto com relação ao tomador enfocado, esta teoria parece não expressar o sentido real da eventualidade, pois de acordo com seus preceitos um garçom, por exemplo, que presta serviço alguns dias da semana não poderia ser empregado;

(ii) teoria do evento, que, segundo Russomano, constitui trabalho eventual aquele que "depende de acontecimento incerto, casual, fortuito. [...] Os fatos é que revelarão, portanto, se a tarefa do trabalhador na empresa é eventual ou permanente".[210]

(iii) teoria dos fins do empreendimento, que sustenta que eventual será o trabalhador chamado a realizar tarefa que não está inserida nos fins normais da empresa, seria por exemplo, o trabalho de alguém que se destina a atender uma necessidade específica, com caráter de exceção dentro dos quadros das necessidades da empresa.[211]

(iv) teoria da fixação jurídica ao tomador dos serviços, que entende ser eventual o trabalhador que não se fixa a uma fonte de trabalho, ao contrário do empregado, que tem uma fonte fixa de trabalho, destacando que a fixação referida é jurídica, ou seja, é do empregado e não da eventualidade.[212]

Entende-se que levando em consideração as teorias referidas, o trabalho eventual não deve levar em consideração apenas um critério selecionado, mas sim, ser um conjugado de elementos que leva em consideração: a não fixação jurídica de uma única fonte de trabalho, o tempo do trabalho prestado, a natureza do trabalho considerando se

208 VILHENA, Paulo Emílio Ribeiro de. *Relação de emprego*: estrutura legal e supostos. 3. ed. São Paulo: LTr, 2005. p. 409.

209 Idem, p. 410.

210 RUSSOMANO, Mozart Victor. *Comentários à Consolidação das Leis do Trabalho*. 13. ed. Rio de Janeiro: Forense, 1990. p. 12.

211 MARANHÃO, Délio. *Direito do trabalho*. 14. ed. Rio de Janeiro: Fundação Getúlio Vargas, 1987. p. 49-50.

212 NASCIMENTO, Amauri Mascaro. *Compêndio de direito do trabalho*. São Paulo: LTr, 1976. p. 105.

trata-se de evento certo e regular no tocante à dinâmica do empreendimento e também a natureza do trabalho prestado considerando os fins normais do estabelecimento.

Portanto, quando verificados os elementos referidos acima, parece que a relação está externando uma ideia de permanência, independente do período de tempo, e assim, será possível analisar se trata ou não de uma relação de emprego. Lembrando que, caso verificada a ausência da permanência, se tratará de relação de trabalho diversa do emprego, podendo ser um trabalhador eventual, temporário, autônomo, safrista, etc.

c) **Onerosidade**: como se viu nos tópicos anteriores, o contrato de trabalho tem como característica a onerosidade e o sinalagma. Assim, parte-se do pressuposto que quem trabalha espera receber um salário, que possui caráter alimentar. O direito ao salário se diferencia das demais relações de trabalho autônomas, pois estas preveem o pagamento de um certo preço pelo serviço ajustado.[213]

Dallegrave Neto refere que a ausência somente do requisito da onerosidade em dada relação não seria capaz de descaracterizar uma relação de emprego, pois, o empregador estaria se beneficiando da própria torpeza.[214] Porém, ressalta-se que, na hipótese do referido autor, os trabalhadores teriam que trabalhar durante vários meses sem perceber nenhum valor, mas com a intenção de receber. Entende-se que a situação seria diversa caso o trabalho tenha ocorrido sem a intenção do salário, pois, neste caso, acredita-se que a falta do requisito onerosidade seria capaz de descaracterizar uma relação de emprego.

Vilhena, ao tratar do salário refere que se analisado pelo prisma da economia, dois aspectos devem ser considerados: a independência econômica do prestador de serviços e a existência ou não de remuneração como contraprestação do serviço. [215]

Quanto à independência econômica do trabalhador, significa dizer que este é portador de condições próprias de subsistência, sendo que a relação de trabalho ao qual se encontra vinculado não possui influência na participação dos seus bens da vida. Tal afirmação pode ser averiguada no caso de pessoas que são empregadas, mas possuem outra fonte de renda como aluguéis de imóveis, por exemplo; ou então, no caso de pessoas que possuem mais de um emprego, recebendo salário de diferentes empresas.

---

[213] DELLAGRAVE NETO, José Afonso. *Contrato individual de trabalho*: uma visão estrutural. São Paulo: LTr, 1998. p. 62.

[214] Idem, p. 63.

[215] VILHENA, Paulo Emílio Ribeiro de. *Relação de emprego*: estrutura legal e supostos. 3. ed. São Paulo: LTr, 2005. p. 742.

Essa condição de independência econômica não serve puramente para descaracterizar o pressuposto da onerosidade em uma relação, mas percebe-se que nos casos em que há o trânsito de uma mútua independência negocial, pode-se ter a possibilidade de uma aproximação do critério da subordinação econômica, e que este critério, por sua vez, pode estar em maior ou menor intensidade interligado com a própria subordinação jurídica, pressuposto essencial na distinção de uma relação de trabalho e de emprego,[216] como se verá no próximo tópico. Assim, esta análise não pode ser totalmente afastada por parte do juízo, podendo elucidar e contribuir em casos de relações fronteiriças como uma sugestão na formação do seu convencimento.

No segundo prisma de análise sugerido por Vilhena, o autor aponta que a remuneração, como contraprestação do serviço não é capaz, por si só, de revelar a natureza da relação que está sendo auferida, pois, vários são os contratos de atividades (e não de emprego) que são onerosos e sinalagmáticos, e então, obrigam uma das partes a remunerar a outra.

Assim, Vilhena refere que para que haja a descaracterização da relação de emprego e caracterização da prestação de serviço, baseada na ausência de pagamento de salário, "é indispensável que a prestação do trabalhador esteja fundada em um vínculo de natureza diversa, seja em voto religioso, seja por amizade, seja por benemerência ou em marco traçado de solidariedade",[217] ou seja, indispensável que se explique qual a outra e pertinente causa da relação em análise.

d) **Subordinação:** a subordinação é um pressuposto definidor da relação de emprego e surge da necessidade de se delimitar a abrangência do Direito do Trabalho. O conceito é bastante controvertido e sofreu diversas modificações ao longo do tempo, por isso, Vilhena,[218] ao enfrentar a temática, adverte que "não se tem a menor dúvida de que a subordinação, tal como a vê o jurista em seu tempo, é um desprendimento de fundo histórico e corresponde ao pensamento jurídico dominante no modo de equacionar as forças jurídicas conflitais de uma época".

O artigo 3º da CLT, não traz especificamente o termo "subordinação" no seu texto, mas sim, o vocábulo "dependência", porém a doutrina consagrou a palavra "subordinação"[219] e passou a difundir teorias

---

216 VILHENA, Paulo Emílio Ribeiro de. *Relação de emprego*: estrutura legal e supostos. 3. ed. São Paulo: LTr, 2005. p. 743.

217 Idem, p. 743.

218 Idem, p. 513.

219 NASCIMENTO, Amauri Mascaro. *Curso de direito do trabalho*. 20. ed. São Paulo: Saraiva, 2005. p. 599.

que expressem o "tipo" de subordinação que deveria ser observada na relação de emprego.

Russomano aponta que a diferença entre uma relação de trabalho (gênero) e uma relação de emprego (espécie) reside justamente na dependência do trabalhador,[220] existindo três principais teorias de modalidade de dependência: a primeira teoria é a da dependência econômica, que defende a ideia de que a relação de emprego é definida pelo fato de que o trabalhador para viver e garantir a subsistência da sua família depende do salário pago pelo empregador.[221] Ainda, na dependência econômica, parte-se do pressuposto de que o trabalhador possui inferioridade econômica em relação ao empregador.

Tal teoria parece não revelar o caráter distintivo da relação de emprego, tendo em vista, como já foi referido, que nada impede que um empregado possua outra fonte de renda, que não advenha da relação de emprego, assim não estaria dependendo economicamente da relação. Também, há a possibilidade de o empregado ter maior poder econômico que o empregador.

Alvo de severas críticas, a teoria em análise acabaria excluindo das relações empregatícias aqueles que não dependem exclusivamente do salário para sobreviver, além daqueles que venham a ter maior poder aquisitivo que o empregador, e assim, parece não ser este o objetivo do elemento principal na análise da relação de emprego.

A segunda teoria é a da dependência técnica, que defende que a subordinação é criada no sentido de que o trabalhador não pode realizar tarefas de acordo com suas preferências pessoais, mas sim, segundo a determinação ou preferências do empregador.[222] Visualiza-se que a dependência técnica tentou demonstrar que a direção técnica da atividade do empregado pelo empregador seria o elemento capaz de configurar a subordinação.

Entretanto, esta teoria não se sustenta, afinal, as empresas podem contratar empregados *experts* que possuem conhecimentos específicos que não necessitem obedecer às ordens do empregador referente à atividade realizada (sendo que este pode até não ter o conhecimento da atividade do empregado). Esta linha de subordinação parece, inclusive, não abranger na relação de emprego os trabalhadores intelectuais como, por exemplo, o advogado.

---

[220] O autor utiliza em sua obra o termo dependência, tal como ocorre no artigo 3º da CLT, com o mesmo sentido de subordinação.

[221] RUSSOMANO, Mozart Victor. *Comentários à Consolidação das Leis do Trabalho*. 13. ed. Rio de Janeiro: Forense, 1990. p. 27.

[222] Idem, p. 27.

A terceira teoria é a da dependência hierárquica, que para Russomano é a que representa a distinção entre relação de trabalho e de emprego, e esta teoria é decorrente do princípio da subordinação jurídica e defende a ideia de que:

> O fulcro da relação de emprego e, portanto, o fulcro do contrato individual de trabalho está, pois, na dependência hierárquica do trabalhador, em relação à pessoa natural ou jurídica do empregador, como decorrência da organização capitalista da empresa moderna.[223]

Apesar do autor utilizar essa nomenclatura para a teoria de dependência hierárquica, a maior parte da doutrina[224] a denomina de "subordinação jurídica" e, quanto à sua natureza, Amauri Mascaro Nascimento[225] defende ser contratual: "a subordinação encontra o seu fundamento no contrato de trabalho, significando uma limitação à autonomia do empregado, porém, em decorrência da sua própria vontade ao se propor prestar serviços sob o poder de direção de outrem".

Veja-se que a subordinação nasce de um acordo de vontades e encontra a sua base no contrato de trabalho (seja expresso ou tácito) em que o empregado se compromete a prestar serviços sob o poder de direção de outrem (empregador). A referida natureza contratual da subordinação afasta a subordinação como sinônimo de sujeição pessoal,[226] e então, Russomano enfatiza que a dependência não é pessoal, e sim, funcional[227] e neste mesmo sentido Paulo Emílio Ribeiro de Vilhena:

> Não se admite, em primeiro plano, a sujeição, a subordinação pessoal, que são resquícios históricos, etapas vencidas nas lutas políticas seculares, desde a consideração do prestador de trabalho como res (*locatio*) e quando o credor se qualificava como condutor (*conductio*). Em suma, *à atividade*, como objeto de uma relação jurídica, não pode ser assimilado o trabalhador como pessoa. Qualquer acepção em sentido diverso importará em *coisificá-lo*.[228]

Assim, passou-se a admitir a natureza contratual da subordinação jurídica estando os poderes diretivos do empregador limitados ao con-

---

[223] RUSSOMANO, Mozart Victor. *Comentários à Consolidação das Leis do Trabalho*. 13. ed. Rio de Janeiro: Forense, 1990. p. 29.

[224] Cita-se como referência: NASCIMENTO, Amauri Mascaro. *Curso de direito do trabalho*. 20. ed. São Paulo: Saraiva, 2005; DELGADO, Maurício Godinho. *Curso de direito do trabalho*. 16. ed. São Paulo: LTr, 2017; VILHENA, Paulo Emílio Ribeiro de. *Relação de emprego*: estrutura legal e supostos. 3. ed. São Paulo: LTr, 2005.

[225] NASCIMENTO, Amauri Mascaro. *Curso de direito do trabalho*. 20. ed. São Paulo: Saraiva, 2005. p. 602.

[226] A ideia da subordinação baseada no fundamento de sujeição pessoal foi difundida nos anos 20 e 30 na Alemanha e defendia a ideia de que o trabalhador era um membro de uma comunidade empresarial e não um sujeito com direitos e obrigações contrapostas ao empregador.

[227] RUSSOMANO, op. cit., p. 29-31.

[228] VILHENA, op. cit., p. 525.

trato de trabalho, instrumento jurídico (e daí decorre o termo "subordinação jurídica") através do qual o empregado se compromete a prestar sua força laboral em favor do empregador, que tem poder de dirigir e comandar a prestação do serviço.

Essa possibilidade de poder diretivo do empregador que está atrelada à subordinação jurídica se justifica pela alteridade, que representa a assunção dos riscos da atividade por parte do empregador (art. 2º da CLT). Assim, o empregador assume os riscos do empreendimento e como proprietário da empresa tem reconhecido o direito de dispor dos fatores cuja união forma uma unidade técnica de produção, estando incluído ali a força de trabalho e daí decorre a situação da subordinação. Portanto, o empregador utiliza a força do empregado para o interesse do empreendimento no qual assumiu os riscos, e o empregado obriga-se a deixar-se ser dirigido em conformidade com os fins que este se propõe a alcançar na atividade econômica.[229]

Diante do exposto, é possível afirmar que a subordinação jurídica possui fundamento na existência de um contrato de emprego, do qual decorre a natureza jurídica tanto da subordinação como do poder diretivo, e nos riscos da atividade econômica. É esta referida relação entre subordinação jurídica e poder diretivo do empregador que Alain Supiot refere ser a pedra angular do Direito do Trabalho:

> La subordinación del trabajador, que sirve para caracterizar al contrato de trabaljo, es más que um simple criterio técnico de conssificación: es la piedra angular de um derecho que tiene como objeto esencial enmarcar el ejercicio del poder que confiere a una persona sobre a otra.[230]

Percebe-se que, conforme ensinamento de Supiot, além da subordinação ser um fundamento do próprio Direito do Trabalho, ela tem como objetivo essencial limitar o exercício do poder detido pelo empregador. Esse poder se translada para a relação através de determinações do tempo e do modo de prestação do serviço por parte do obreiro.

Romita refere que o elemento subordinação jurídica pode ser averiguado na relação sob duas vertentes: "a) para o empregador, no poder de dirigir e fiscalizar a atividade do empregado; b) para o empregado, na obrigação correspondente de se submeter às ordens do empregador".[231]

Ainda dentro de uma visão clássica da subordinação jurídica, Nascimento refere que: "A subordinação significa uma limitação à au-

---

229 SÜSSEKIND, Arnaldo *et al*. *Instituições de direito do trabalho*. 22. ed. São Paulo: LTr, 2005. p. 245.

230 SUPIOT, Alain. *Crítica ao direito do trabalho*. Tradução de Antònio Monteiro Fernandes. Lisboa: Fundação Calouste Gulbenkian, 2016. p. 133-134.

231 ROMITA, Arion Sayão. *A subordinação do contrato de trabalho*. Rio de Janeiro: Forense, 1979. p. 60.

tonomia do empregado, de tal modo que a execução dos serviços deve pautar-se por certas normas que não serão por ele traçadas".[232] Identifica-se que o empregado entrega o comando da sua atividade ao empregador e este, por sua vez, dirige, controla e orienta a prestação de serviço do empregado.

Esse conceito de subordinação jurídica era facilmente identificado no período de surgimento do Direito do Trabalho, em que os empregados estavam no interior das fábricas típicas do início da industrialização nos séculos XVIII e XIV, e se destacava o modelo de produção taylorista e fordista.

Porém, inegáveis as mudanças ocorridas no mundo do trabalho e na própria forma de organização deste, resultando no surgimento de novo sistema de produção, o Toyotismo, marcado pelo que Antunes chama de "acumulação flexível", pois o trabalho desenvolve-se em uma estrutura produtiva mais maleável, recorrendo a desconcentração produtiva, às novas técnicas de gestão da força laboral, que divide as equipes em times, que requer o "envolvimento participativo", a "substituição" do empregado pelo colaborador, ou seja, trata-se de estrutura mais horizontalizada.[233]

Além disso, outros fatores também influenciaram as mudanças no mundo do trabalho, como por exemplo a globalização, a terceirização, o aumento da robótica, a internet, o surgimento de novas espécies de trabalhadores etc. Todo esse contexto colocou em xeque a subordinação jurídica clássica, pois evidente é a dificuldade de enquadrar os "novos trabalhadores" naqueles conceitos do século passado.

Romita, em sua obra datada de 1979, já sinalizava que a subordinação jurídica era objeto de discussão, especialmente pela sua abrangência de proteção e cita a existência da corrente doutrinária que buscava a ampliação do objeto do Direito do Trabalho.[234] Nesta linha de pensamento de dilação do objeto do Direito do Trabalho, com o fito de albergar maior número de trabalhadores, algumas teorias surgiram como propostas para uma mudança no conceito da subordinação jurídica e serão brevemente abordadas.

---

232 NASCIMENTO, Amauri Mascaro. *Curso de direito do trabalho*. 20. ed. São Paulo: Saraiva, 2005. p. 603.

233 ANTUNES, Ricardo. *Os sentidos do trabalho*: ensaio sobre a afirmação e a negação do trabalho. São Paulo: Boitempo, 2003. p. 53.

234 "Há uma tendência acentuada no sentido de alargar o domínio de aplicações das normas protecionistas do trabalho para abranger pessoas economicamente hipossuficientes, pois é desejável ampliar cada vez mais a área de atuação de medidas que resguardam a saúde, a segurança, a moralidade e promovem a melhoria da condição social dos trabalhadores." Cf. ROMITA, Arion Sayão. *A subordinação do contrato de trabalho*. Rio de Janeiro: Forense, 1979. p. 67.

O próprio Romita, propõe a subordinação objetiva, por entender que o critério tradicional subjetivista e personalista, que considera a subordinação pelo prisma da direção e fiscalização, do poder de mando do empregador e dever de obediência do empregado, mostra-se insuficiente.[235] Na concepção subjetivista da subordinação jurídica, o poder de direção ocorre sob a pessoa do empregado, então, o autor vai defender a ideia de que a subordinação jurídica deve ser identificada a partir do poder de direção da atividade do trabalhador, e não da sua pessoa, mas pondera referindo a não isenção de conotações pessoais:

> A subordinação gravita em torno da atividade. Exercita-se, porém, sobre comportamentos de recíproca expressão, que se definem pela integração da atividade do empregado na organização empresarial. É certo que a própria pessoa do trabalhador está envolvida a relação de trabalho, mas é a *atividade* do empregado que se insere na organização da empresa. A relação de trabalho, caracterizada pela subordinação, é uma relação intersubjetiva (por isso, não isenta de conotações pessoais), mas o vínculo de subordinação é o de ordem *objetiva*, pois visa à atividade do empregado.[236]

Então, considerando a acepção objetiva da subordinação jurídica, Romita propõe o conceito de subordinação:

> Fixando o conceito objetivo de subordinação, chega-se à assertiva de que ela consiste em integração da atividade do trabalhador na organização da empresa mediante um vínculo contratualmente estabelecido, em virtude do qual o empregado aceita a determinação, pelo empregador, das modalidades de prestação de trabalho.[237]

Paulo Emílio Ribeiro de Vilhena, na mesma ideia de Romita, defende a subordinação atrelada à integração da atividade na organização do empregador: "Tem-se, pois, conceitual e objetivamente, a subordinação como a participação integrativa da atividade do trabalhador na atividade do credor de trabalho".[238] Percebe-se nesta teoria que a integração do trabalhador e o seu labor aos objetivos empresariais é o elemento essencial para verificação da subordinação.

Maurício Godinho Delgado, por sua vez, encampa no Brasil a tese da subordinação estrutural, e a define pela "inserção do trabalhador na dinâmica do tomador dos seus serviços, independentemente de receber (ou não) suas ordens diretas, mas acolhendo, estruturalmente sua dinâmica de organização e funcionamento".[239]

Segundo Delgado, não importa que o trabalhador esteja ou não atrelado aos objetivos empresariais, tampouco que receba ordens dire-

---

[235] ROMITA, Arion Sayão. *A subordinação do contrato de trabalho*. Rio de Janeiro: Forense, 1979. p. 81.

[236] Idem, p. 81.

[237] Idem, p. 82

[238] VILHENA, Paulo Emílio Ribeiro de. *Relação de emprego*: estrutura legal e supostos. 3. ed. São Paulo: LTr, 2005. p. 526.

[239] DELGADO, Maurício Godinho. *Curso de direito do trabalho*. 16. ed. São Paulo: LTr, 2017. p. 328.

tas dos seus chefes, sendo fundamental para a subordinação estrutural que este trabalhador esteja estruturalmente vinculado à dinâmica operativa do tomador de serviços. O autor completa ainda referindo que as três dimensões da subordinação jurídica (clássica, objetiva e estrutural) não se excluem, mas sim, se complementam com harmonia, permitindo que se adeque o conceito jurídico, pela via interpretativa, às mudanças da realidade e renovando o expansionismo do ramo juslaborativo.[240]

Assim, segundo o referido autor, a partir da articulação das dimensões do critério da subordinação estrutural, adviria a superação às recorrentes dificuldades de enquadramento dos fatos novos do mundo do trabalho ao tipo jurídico da relação de emprego, pois o trabalho, como fenômeno social em movimento, na sua forma mais atualizada, estaria sob o manto do Direito do Trabalho.[241]

As teorias sobre a conceituação da subordinação não se esgotam nas que foram aqui referidas,[242] e esta "multiconceituação" se reflete na jurisprudência, que se utiliza do livre convencimento dos magistrados para, na prática, conseguir enquadrar os fatos na norma jurídica referente à subordinação e assim, caracterizar ou não determinada relação como relação de emprego, conforme se observou nos artigos 2° e 3° da CLT.

Veja-se que a jurisprudência não é uníssona ao se deparar com a análise do pressuposto da subordinação. Como exemplo, citam-se abaixo dois julgados envolvendo o pedido de reconhecimento de vínculo de emprego por motorista de aplicativo nos quais a análise da subordinação se deu sob fundamentos diferentes. A primeira decisão, do Tribunal Regional do Trabalho (TRT) da 2ª Região, foi baseada nas teorias modernas que buscam abranger o objeto do Direito do Traba-

---

240 DELGADO, Maurício Godinho. *Curso de direito do trabalho.* 16. ed. São Paulo: LTr, 2017. p. 329-330.

241 DELGADO, Maurício Godinho. Relação de emprego e relações de trabalho: a retomada do expansionismo do direito trabalhista. *In:* SENA, Adriana Goulart de; DELGADO, Gabriela Neves; NUNES, Raquel Portugal (Coord.). *Dignidade humana e inclusão social*: caminhos para a efetividade do direito do trabalho no Brasil. São Paulo: LTr, 2010. p. 28.

242 Lorena Vasconcelos Porto propõe a teoria da subordinação integrativa, cujo conceito central é: A subordinação, em sua dimensão integrativa, faz-se presente quando a prestação de trabalho integra as atividades exercidas pelo empregador e o trabalhador não possui uma organização empresarial própria, não assume verdadeiramente os riscos de perdas ou ganhos e não é proprietário dos frutos do seu trabalho, que pertencem, originariamente, à organização produtiva alheia para a qual presta a sua atividade. LORENA, p. 474. Já os autores Chaves Júnior e Mendes propõem a subordinação reticular, que por sua vez, encontra-se atrelada à ideia de reestruturação produtiva, marcada por certo grau de liberdade conferida ao trabalhador na execução dos serviços e pelo fenômeno da associação empresária. Cf. CHAVES JR., José Eduardo de Resende; MENDES, Marcus Menezes Barberino. Subordinação estrutural-reticular: uma perspectiva sobre a segurança jurídica. *Revista do Tribunal Regional do Trabalho da 3ª Região,* Belo Horizonte, v. 46, n. 76, p. 197-218, jul./dez. 2007.

lho, e a segunda decisão, do TRT da 3ª Região, baseia-se na concepção da subordinação jurídica clássica:

> [...] Por isso, o exame das demandas judiciais que envolvem os novos modelos de organização do trabalho deve se dar à luz das novas concepções do chamado trabalho subordinado ou parasubordinado, especialmente considerando o avanço da tecnologia. [...] (TRT – 2ª REGIÃO, PROCESSO nº 1000123-89.2017.5.02.0038 (RO), RECORRIDAS: UBER DO BRASIL TECNOLOGIA LTDA., UBER INTERNATIONAL B.V. E UBER INTERNATIONAL HOLDING B.V ORIGEM: 38ª VARA DO TRABALHO DE SÃO PAULO RELATORA: BEATRIZ DE LIMA PEREIRA, DATA 24/08/2018).

> [...] Existe subordinação do empregado ao empregador quando evidenciado o poder de direção e comando deste último em relação ao primeiro, interferência efetiva no modo de desempenho de atividade e de tempo a ela dedicado, o que se comprovou não ter havido entre as partes. A subordinação não se revela apenas por orientações dadas diretamente ao motorista ou pela internet. [...] (TRT-3ª REGIÃO – 9ª TURMA, PROCESSO nº 0011359-34.2016.5.03.0112 (RO), RECORRENTE: UBER DO BRASIL TECNOLOGIA LTDA., RECORRIDO: RODRIGO LEONARDO SILVA FERREIRA, RELATORA: DESEMBARGADORA MARIA STELA ÁLVARES DA SILVA CAMPOS, DATA 23/05/2017).

Assim, analisados os pressupostos da relação de emprego, é possível perceber que em determinados casos a sua averiguação não se dá de forma tranquila, nestas situações a doutrina denomina se estar diante de uma "zona cinzenta" e o enquadramento jurídico dos motoristas de aplicativo digital reside justamente nesta "zona". Neste contexto, entende-se pertinente demonstrar no próximo tópico como tem funcionado o mercado de trabalho brasileiro em relação à adesão ao emprego e às demais modalidades de trabalho para compreender as mudanças atuais na seara juslaboral.

3.3. Trabalho autônomo e semiautônomo

O trabalho autônomo é uma das espécies do gênero relação de trabalho, assim como a relação de emprego e como visto no primeiro tópico deste capítulo, há um crescente número de cidadãos que estão inseridos nessa condição de trabalhador autônomo, tornando importante que se compreenda esta modalidade e esta realidade.

Acredita-se que o número de trabalhadores autônomos vai crescer ainda mais nos próximos anos devido ao fenômeno da globalização, da revolução tecnológica, da implementação das TICs – Tecnologia da Informação e Comunicação, etc. Todas essas tecnologias acabam por criar vasta possibilidade de relações de trabalho que se diferem do modelo de produção da época da criação das leis trabalhistas, e, então, acabam se "encaixando" na modalidade autônoma.

O caso dos motoristas de aplicativo é um exemplo de labor que surgiu nos últimos anos e utiliza da tecnologia via aplicativo para aproximar um prestador de serviço que tem interesse em dispor da sua força de trabalho atuando como motorista e, do outro lado, uma pessoa interessada em utilizar esse serviço.

Evidente que este tipo de trabalho, neste formato de organização, não existia no século passado, então, quando ele surge, discute-se de que forma ele será enquadrado no ordenamento jurídico, tal tarefa já tem sido enfrentada pelo Judiciário e o que se vê até o momento são decisões com entendimentos diversos, mas sempre enfrentando a discussão entre a dicotomia trabalho subordinado *versus* trabalho autônomo.

Assim, após a compreensão dos requisitos da relação de emprego , passa-se a explorar as características e fundamentos do trabalho autônomo, bem como de alguns casos de flexibilização da legislação, denominados de semiautônomos, para que no capítulo seguinte se tenha o embasamento completo e suficiente para enfrentar a o problema central da pesquisa referente ao enquadramento da legislação no caso do motorista de aplicativos.

3.3.1. O trabalhador autônomo no ordenamento jurídico brasileiro

No Brasil, as normas trabalhistas se destinam em sua grande maioria aos empregados (relação de emprego subordinada), sendo estendido aos autônomos alguns direitos relacionados à contribuição sindical e outras garantias fundamentais do trabalho, previstas na Constituição Federal, além dos direitos previdenciários consagrados também aos autônomos.

A definição do trabalhador autônomo não está descrita na Consolidação das Leis do Trabalho, já que estes trabalhadores não estão no seu âmbito de proteção, mas pode ser extraída da interpretação dos requisitos contidos nos artigos 2° e 3° da CLT. Assim, o trabalhador autônomo é aquele que exerce atividade por conta própria, sem subordinação e que assume os riscos da atividade.

Na conceituação de Nelson Mannrich:

> Autonomia corresponde à principal característica do trabalhador por conta própria: ao submeter-se ao próprio comando, assume o risco de sua atividade. Trabalhador autônomo é, pois, a pessoa natural que, habitualmente e por conta própria e mediante remuneração, exerce atividade econômica de forma independente, mediante estrutura empresarial própria, ainda que modesta.[243]

[243] MANNRICH, Nelson. Reinventando o Direito do Trabalho: novas dimensões do trabalho autônomo. *In:* FREDIANI, Yone (Coord.). *A valorização do trabalho autônomo e a livre-iniciativa*. Porte Alegre: Magister, 2015. p. 229-255.

Neste sentido, Romita aponta que o empregado se diferencia do autônomo porque este "executa o trabalho que contrata por vontade própria e assume o risco dessa atividade, explorando sua força de trabalho em seu benefício".[244]

Ainda, Arnaldo Süssekind apresenta a definição do trabalhador autônomo fazendo alusão ao desempenho por conta própria que é depreendido na produção, veja-se:

> O que caracteriza o trabalho *autônomo* é o desempenho, por parte do trabalhador, de uma atividade que consiste na organização dos fatores de produção com vistas a um determinado resultado e, em consequência, assumindo os riscos conexos a tal organização.[245]

Otavio Pinto e Silva[246] faz uma análise um pouco mais aprofundada da autonomia das relações de trabalho, identificando que são diversas as teorias capazes de explicar o conceito de trabalho autônomo, variando de acordo com o aspecto pelo qual se analisa:

a) **Finalidade da prestação de serviços** – consiste em analisar o objeto que se pretende alcançar com a prestação de serviços, ou seja, essa teoria busca separar atividade de resultado, sendo que o trabalho autônomo é aquele em que o tomador do serviço não se interessa no modo da execução, mas somente nos fins atingidos.

b) **Resultado do Trabalho** – segundo esta teoria, há a possibilidade de se classificar o trabalho autônomo a partir do resultado de prestação do serviço. Assim, quando o resultado é imediato (o trabalhador obtém algo e fica com aquilo que produz, para depois revender aos interessados), configura-se trabalho autônomo. Já no vínculo de emprego o trabalhador aliena diretamente o que produz, não ficando com os frutos do seu trabalho.

c) **Trabalho por conta própria** – difere o autônomo como aquele que exerce a atividade por conta própria, diferenciando-se do empregado que exerce a atividade por conta a alheia (empregador). Percebe-se que o elemento independência é essencial para a distinção entre os trabalhadores.

d) **Assunção do risco do trabalho** – esta teoria também está ligada à ideia do trabalho por conta própria e aduz que o trabalhador autônomo é aquele que assume todos os riscos da atividade profissional que desempenha.

---

[244] ROMITA, Arion Sayão. *A subordinação no contrato de trabalho*. Rio de Janeiro: Forense, 1979, p. 74.

[245] SÜSSEKIND, Arnaldo. Da relação de trabalho. *Revista do Tribunal Superior do Trabalho*, Brasília, a. 75, n. 4, out./dez. 2009.

[246] SILVA, Otavio Pinto. *Subordinação, autonomia e parassubordinação nas relações de trabalho*. São Paulo: LTr, 2004. p. 87-91.

e) **Propriedade dos instrumentos de trabalho** – segundo esta teoria, o trabalhador autônomo é aquele que exerce atividade profissional valendo-se do controle dos meios de produção, que são de sua propriedade, se diferenciando do subordinado, que exerce atividade utilizando-se dos meios de produção pertencentes ao empregador.

f) **Modo de execução do trabalho** – segundo o autor, esta é a teoria que estabelece critério efetivamente útil para a caracterização do trabalho autônomo, o qual deve passar pela análise do modo como a atividade é desenvolvida, sendo a distinção básica a presença ou não da subordinação. Assim, o trabalhador autônomo é aquele que detém o poder de direção sobre a sua própria atividade, com autodisciplina e de acordo com os seus critérios pessoais e de conveniências particulares.

A partir das teorias apresentadas por Silva, acredita-se na ideia de uma análise conjunta delas, ou seja, uma teoria não exclui a outra, elas se complementam e servem de indícios para se chegar à conclusão de um trabalhador ser autônomo ou não.

O que resta evidente é que a análise do trabalho autônomo perpassa, necessariamente, pelos aspectos da iniciativa do trabalhador e da sua capacidade de se auto-organizar, assim, como defende Paulo Emílio Ribeiro de Vilhena:[247] "Autônomo é o trabalhador que desenvolve sua atividade com organização própria, iniciativa e discricionariedade, além da escolha do lugar, do modo, do tempo e da forma da execução".

Apesar de ausente a definição expressa do autônomo na legislação trabalhista, a normativa previdenciária supre esta falta no Regulamento da Previdência Social (Decreto n° 3.048/1999), onde está elencado entre os segurados obrigatórios contribuintes individuais o trabalhador autônomo como "a pessoa física que exerce, por conta própria, atividade econômica de natureza urbana, com fins lucrativos ou não", de acordo com o artigo 9°, inciso V, alínea "l", do referido Decreto.[248]

Compreendido quem é o trabalhador autônomo, apesar da parca legislação a respeito da sua definição, conclui-se que o contrato de prestação de serviços realizado com trabalhador autônomo é um vínculo de direito privado, regido pelo Código Civil, em que se vislumbra uma acentuada valorização da autonomia individual na celebração do contrato.

---

[247] VILHENA, Paulo Emílio Ribeiro de. *Relação de emprego*: estrutura legal e supostos. 3. ed. São Paulo: LTr, 2005, p. 532.

[248] Conceito semelhante ao que está previsto na Lei de Custeio n° 8.212/91 – artigo 12, V, alíneas *g* e *h* e na Lei de Benefícios n° 8.213/91 – artigo 11, V alíneas *g* e *h*, da Previdência Social.

A Reforma Trabalhista (Lei nº 13.467/2017) acrescentou no texto da CLT o artigo 442-B que trata do contrato de trabalho autônomo, em que fica estipulado que: "A contratação do autônomo, cumpridas por este todas as formalidades legais, com ou sem exclusividade, de forma contínua ou não, afasta a qualidade de empregado prevista no art. 3º desta Consolidação".

Entende-se que a inserção da exclusividade no referido dispositivo não traz alterações nas características do trabalho autônomo, pois ela não é um requisito da relação de emprego. Então, se preenchidos os requisitos do artigo 3º da CLT, o trabalhador será considerado empregado, caso contrário, preenchidas as formalidades legais, será um trabalhador autônomo, regido pela legislação civil.[249]

Quanto à continuidade referida no artigo 442-B da CLT, parece se relacionar com o elemento da não eventualidade exigido para caracterizar a relação de emprego, conforme artigo 3º da CLT. Vale ressaltar, como já mencionado no tópico anterior, que a não eventualidade não é sinônimo de continuidade, afinal, pode-se ter um empregado que trabalha de forma descontínua, só alguns dias na semana, por exemplo. Todavia, não resta dúvidas que um trabalhador "autônomo" que labora de forma contínua, apresenta indícios de se tratar em verdade de uma relação empregatícia, porém, para tanto, necessário que se averiguem os demais elementos da relação, afinal, de acordo com a legislação vigente, é possível que se verifique trabalhador autônomo, com continuidade e sem a presença da subordinação, o que faz dele um autêntico "autônomo".

O que se percebe com as alterações oriundas da Reforma Trabalhista (Lei nº 13.467/2017) é que realmente houve uma flexibilização no elemento da não eventualidade (art. 3º da CLT), seja ao acrescentar a continuidade como possibilidade do trabalhador autônomo, seja ao inserir na CLT a figura do trabalhador intermitente (art. 452-A da CLT), pois, permite a estes uma prestação de serviço esporádica, a tempo parcial, sem carga horária específica e pré-contratada e com mescla de períodos de atividade e inatividade, sendo remunerado apenas pelas horas efetivamente laboradas, dentro de um contrato por tempo indeterminado, sem que isso inviabilize o reconhecimento de uma relação de emprego,[250] desde que presentes todos os requisitos exigidos, como por exemplo, contrato por escrito contendo o valor da hora trabalhada.

---

[249] FINCATO, Denise; STÜRMER, Gilberto. *A reforma trabalhista simplificada*: comentários à Lei nº 13.467/2017. Porto Alegre: EDIPUCRS, 2019. p. 44.

[250] FINCATO, Denise Pires. Para além da doutrina: a prática dos benefícios extralegais no contrato de trabalho intermitente. *Revista Magister de Direito do Trabalho*, Porto Alegre, a. XVI, n. 93, p. 32-51, nov./dez. 2019.

Dentro da seara civil, a legislação contemplou algumas espécies de trabalhos autônomos de forma expressa, como o representante comercial, disciplinado pela Lei nº 4.886/65; o contrato de empreitada, previsto nos artigos 610 a 626 do Código Civil, complementados pelo artigo 455 da CLT; o corretor de seguros, regulamentado pela Lei nº 4.594/64. Além destes, o Código Civil contempla diversos contratos de prestação autônoma de serviços como o contrato de comissão (arts. 693 a 709), de agência e de distribuição (arts. 710 a 721) e de transportes (arts. 730 a 756).

Ressalta-se que embora a natureza civil destes contratos, caso averiguado que os requisitos da relação de emprego se encontram presentes, essa natureza pode vir a ser afastada, configurando-se uma relação de emprego, pois a própria CLT prevê no seu artigo 9º que "serão nulos de pleno direito os atos praticados com o objetivo de desvirtuar, impedir ou fraudar a aplicação dos preceitos contidos na presente Consolidação", assim, deve-se ter em mente que vigora no Direito do Trabalho o princípio da primazia da realidade, ou seja, prevalece o que realmente se pratica durante a relação entre as partes, e não a formalidade.

Embora o trabalhar autônomo não seja contemplado com o protecionismo característico da relação de emprego são titulares de garantias à prestação autônoma de serviços. Tais garantias, por vezes, são estipuladas no regramento civil, de acordo com o contrato respectivo, como por exemplo o direito de indenização por parte do contratante ao representante comercial autônomo por rescisão antecipada do contrato[251] e o direito do corretor de seguros de receber da empresa corretora os pagamentos das corretagens devidas.[252]

Ademais, resta evidente que tais trabalhadores autônomos são destinatários das garantias previstas na Constituição Federal que consagra como fundamento da República Federativa do Brasil "os valores sociais do trabalho e da livre iniciativa" (art. 1º, V, CF/1988). Ainda, é-lhes assegurada a liberdade de "exercício de qualquer trabalho, ofício ou profissão, atendidas as qualificações profissionais que a lei estabelecer" (art. 5º, XIII, CF/1988), e o trabalho enquanto direito à condição de direito social (art. 6º, CF/1988).

Cumpre referir que o rol de direitos do artigo 7º da Constituição Federal não é garantido aos trabalhadores autônomos em sua totalidade, porém, entende-se que algumas normas são passíveis de aplicação, pois se referem ao trabalho de uma forma geral, sendo elas, por exemplo, a "redução dos riscos inerentes ao trabalho, por meio de normas de

---

[251] Artigo 27, alínea *j*, da Lei nº 4.886/65.

[252] Artigo 13 da Lei nº 4.574/74.

saúde, higiene e segurança (inciso XXII) e a vedação à discriminação de qualquer espécie de trabalho (incisos XXX, XXXI, XXXII).

No âmbito do direito coletivo do trabalho, a CLT legitima a atuação de sindicato de trabalhadores autônomos (art. 511, CLT), bem como contempla regras sobre a contribuição sindical devida por tais prestadores (art. 583, CLT), explicitando sobre a base de pagamento da referida contribuição (art. 584, CLT).

Ainda, aos trabalhadores autônomos são garantidos os benefícios da Seguridade Social,[253] sendo que estes, como visto, estão inseridos na categoria de contribuintes individuais para fins previdenciários, para tanto, estes trabalhadores devem estar fazendo as devidas contribuições previdenciárias conforme regramento estabelecido pela Lei nº 8.213/91.

Por fim, a alteração efetuada pela Emenda Constitucional nº 45 no artigo 114, I, da CF, ampliou a competência da Justiça do Trabalho para apreciar as demandas envolvendo "relação de trabalho" enquanto gênero. Assim, entende-se que todas as relações jurídicas em que há a prestação de trabalho por pessoa natural, no âmbito do contrato de trabalho (art. 442, CLT), bem como contrato de prestação de serviço (arts. 593 e seguintes do CC), contratos de transporte, empreitada, mandato, etc. inserem-se na nova competência da Justiça do Trabalho.

Cumpre destacar que apesar de tímida a legislação acerca do trabalho autônomo se comparada com a extensão dos direitos trabalhistas, nada impede que as próprias partes, valendo-se da autonomia que lhes é característica deste tipo de relação, estipulem, via contrato, os direitos e deveres de ambas as partes, desde que seja observada a legislação vigente.

E é justamente por esta possibilidade de maior liberdade e de adequação às diversas realidades proporcionadas pela implementação da tecnologia e pelas novas formas de prestar trabalho, que se acredita que a modalidade de trabalho autônomo vai crescer ainda mais, possibilitando que as próprias partes se adequem e contratem de acordo com o trabalho que ali será desenvolvido. Destaca-se, ademais, que se engloba nessa liberdade a questão dos valores a serem pagos, que podem ser negociados pelas partes da relação, sendo que na relação de emprego já se parte de um extenso rol de obrigações pecuniárias por parte da empresa, que, por vezes, inviabiliza a barganha entre os sujeitos da relação de emprego.

---

[253] Alguns benefícios não são aplicáveis aos trabalhadores autônomos por incompatibilidade com esta espécie de prestação de serviço, como por exemplo o salário-família e o auxílio-acidente, garantidos apenas aos empregados.

Além disto, do ponto de vista técnico, pontua Pedro Romano Martinez que a opção por uma contratação de trabalho autônomo pode decorrer das novas tecnologias da informação e comunicação; da infindável mutação do trabalho para se adaptar às novas condições; da crescente necessidade do trabalho intelectual em detrimento da força braçal; dos desafios da terceirização; do surgimento de novas estruturas empresariais com muitos prestadores de serviços e poucos empregados, etc.[254]

Assim, observa-se que a dicotomia entre trabalhador autônomo e trabalhador subordinado, suficiente e segura durante o período do modelo fordista de produção, passou a sucumbir diante do surgimento das novas formas de trabalho desencadeadas a partir do processo de reestruturação produtiva, fenômeno intrinsecamente ligado à Quarta Revolução Industrial (ou "Revolução Tecnológica").

Como bem observado por André Jobim de Azevedo, a globalização enseja uma inafastável necessidade de aperfeiçoamento da gestão e da administração empresarial, seja pela pessoa jurídica ou pelos trabalhadores que dela dependem, desta forma, essencial que as empresas se readequem às novas exigências dos clientes, da sociedade, do mercado, pois sem os quais não há qualquer possibilidade futura ou mesmo presente.[255]

Neste sentido de multiplicidade de novas formas de trabalho, explicita Romita:

> O conceito originário de emprego típico, jurisdicizado pela intermediação do contrato de trabalho clássico, desagrega-se, fragmenta-se, decompõe-se diante dos desafios dos novos tempos. As políticas de emprego, quer das próprias empresas, quer do poder público, consagram novas formas de relações contratuais.
>
> [...] O direito do contrato de trabalho assume uma visão instrumental, posto a serviço de cada qual para atender a suas próprias finalidades. O resultado é uma diferenciação, uma sofisticação crescente das formas de emprego. [...] e denominado novo mercado de trabalho ganha terreno progressivamente sobre o antigo.[256]

Diante deste cenário de inovações e de transformações econômicas ocorridas na sociedade, países como Itália e Espanha criaram legislações para atender às demandas das empresas pela flexibilização das formas de trabalho, instituindo relações mais adequadas às realidades do mercado de trabalho, além de conferir maior segurança jurídica para as relações híbridas, que podem ser consideradas autônomas, porém,

---

254 MARTINEZ, Pedro Romano. *Estudos do instituto de direito do trabalho*. Coimbra: Almedina, 2001, v. I. p. 273.

255 AZEVEDO, André Jobim. Relações contemporâneas de trabalho: observações. *In:* FREDIANI, Yone (Coord.). *A valorização do trabalho autônomo e a livre-iniciativa*. Porte Alegre: Magister, 2015. p. 37-50.

256 ROMITA, Arion Sayão. *O princípio da proteção em xeque*. São Paulo: LTr, 2003. p. 200-221.

com traços típicos de trabalho subordinado, conforme será demonstrado em linhas gerais no próximo tópico, sem a pretensão de esgotar a matéria por não representar o tema central da presente pesquisa.

3.3.2. Breves considerações sobre a legislação italiana: trabalhador parassubordinado e lavoro agile

Consoante relatado no tópico anterior, alguns ordenamentos europeus têm-se destacado na regulamentação do trabalhador autônomo dependente, também denominado de "semiautônomo", merecendo destaque o ordenamento italiano, precursor nos estudos de relações atípicas de trabalho e criador do conceito do "parassubordinado".

Luiz de Pinho Pedreira da Silva aborda que a questão da insuficiência da dicotomia entre trabalhador autônomo e trabalhador subordinado passou a ser observada na Itália, a partir dos anos 1950, resultado de dois fatores: (i) o surgimento de novas formas de trabalho que não eram passíveis de enquadramento como trabalho autônomo tampouco como trabalho subordinado; (ii) o fato de existirem trabalhadores subordinados aos quais a legislação conferia uma superproteção ao lado de trabalhadores, dito autônomos, que não usufruíam de garantias trabalhistas, em que pese necessitarem.[257]

Então, a primeira menção do trabalho parassubordinado, na Itália, se deu através da Lei nº 741, de 14 de julho de 1959, que previu, em seus artigos 1º e 2º, que competiria ao governo italiano estabelecer normas jurídicas com força de lei aptas a garantir a tutela mínima das relações de colaboração que se concretizassem em prestações de obra continuativa e coordenada.[258]

Tal lei foi considerada inconstitucional por ofender o artigo 39 da Constituição italiana um ano após sua entrada em vigor. Porém, foi a responsável por apresentar os componentes da colaboração, continuidade e coordenação, conhecidos como contratos "*co.co.co*", que mais tarde se tornaram características definidoras do trabalho parassubordinado.[259]

Em 1973, com a Reforma do Código de Processo Civil italiano, o instituto da parassubordinação é efetivamente consagrado no ordenamento jurídico, no seu artigo 409, que inseriu o item 3 para incluir na

---

[257] SILVA, Luiz de Pinho Pedreira da. Da "velha" parassubordinação ao novo contrato de trabalho a projeto. *Revista de Direito do Trabalho*, São Paulo, a. 32, p. 343-348, abr./jun. 2006. p. 344.

[258] BULGUERONI, Renata Orsi. Parassubordinação: origens, elementos, espécies e tutela. *In:* MANNRICH, Nelson (Coord.). *Reforma do mercado de trabalho*: a experiência italiana. São Paulo: LTr, 2010. p. 123.

[259] Idem, p. 123.

competência da Justiça do Trabalho italiana as lides decorrentes das *"rapporti di agenzia, di rappresentanza commerciale ed altri rapporti di collaborazione che si concretino in uma prestazione di opera continuativa e coordinata, prevalentemente personale, anche se non a carattere subordinato"*.[260]

Portanto, com a alteração do Código de Processo Civil italiano, foi conferida tutela processual idêntica à do trabalhador subordinado às relações de agência, de representação comercial e outras relações de colaboração que se concretizem numa prestação de serviços continuada e coordenada, prevalentemente pessoal, ainda que não em caráter subordinado.

A partir desses elementos, Otavio Pinto e Silva define a parassubordinação como "relações de trabalho de natureza contínua, nas quais os trabalhadores desenvolvem atividades que se enquadram nas necessidades organizacionais dos tomadores de seus serviços, tudo conforme estipulado em contrato, visando colaborar para os fins do empreendimento".[261]

Quanto à coordenação, refere Giuseppe Santoro Passarelli, que indica uma coligação funcional entre o labor prestado a atividade desenvolvida pelo destinatário do trabalho, porém, diferentemente do trabalho subordinado, o coordenado não elimina as possibilidades do prestador do serviço determinar de forma autônoma ou em acordo com o tomador as modalidades, bem como o lugar e o tempo do adimplemento da prestação laboral.[262]

Assim sendo, o parassubordinado não colabora na empresa, mas sim, para a empresa, em uma atuação de comunhão de interesses.[263] Neste sentido, as palavras de Silva: "Coordenação, então, surge com o sentido de 'ordenar juntos': significa que as partes possuem medidas a propor para alcançar o objetivo comum".[264]

Quanto ao critério da continuidade, entende-se que seja uma prestação de serviço destinada a atender uma necessidade do tomador de forma prolongada no tempo, tendo em vista o interesse de ambas as

260 "relações de agência, de representação comercial e outras relações de colaboração que se concretizem numa prestação de serviços continuada e coordenada, preferencialmente pessoal, ainda que não em caráter subordinado" – tradução livre da autora.

261 SILVA, Otavio Pinto. *Subordinação, autonomia e parassubordinação nas relações de trabalho*. São Paulo: LTr, 2004. p. 102.

262 PASSARELLI, Giuseooe Santoro. *Il lavoro parassubordinato*. Milano: Franco Angeli, 1979, p. 66-67.

263 BULGUERONI, Renata Orsi. Parassubordinação: origens, elementos, espécies e tutela. *In:* MANNRICH, Nelson (Coord.). *Reforma do mercado de trabalho*: a experiência italiana. São Paulo: LTr, 2010. p. 126.

264 SILVA, op. cit., p. 106.

partes. Assim, o critério da continuidade é incompatível com a efetivação de uma única obra.[265]

Já o terceiro critério da parassubordinação é a natureza pessoal da prestação dos serviços, sendo que esta deve preponderar, o que significa dizer que o prestador até pode se valer do auxílio de outras pessoas para realizar o serviço, porém, dentro de certos limites. Desta forma, o trabalho dos auxiliares deve ocorrer de forma complementar, permanecendo a carga da atividade principal com o prestador que foi contratado pessoalmente.[266]

À vista disso, pode-se dizer que o trabalho parassubordinado é aquele em que o trabalhador colabora de forma autônoma na atividade empresarial, mediante prestação de obra continuada e de forma prevalentemente pessoal.

Assim, após a caracterização e definição do trabalhador parassubordinado, e após este ser abrangido pela tutela das normas processuais (art. 409 do Código de Processo Civil italiano), o legislador passou a lhes estender direitos, especialmente de caráter tributário, previdenciário e processual.[267]

Diante de um cenário de incongruências sobre o que seria ou não aplicável ao trabalhador parassubordinado, o Senado italiano, em fevereiro de 1999, aprovou o Projeto de Lei n° 5651, denominado de Lei *Smuraglia* que garantia a estes trabalhadores "[...] um patamar mínimo de direitos trabalhistas, que poderia ser complementado por meio de negociação coletiva".[268] Sendo que enquanto o referido projeto tramitava na Câmara italiana, inicia-se a "reforma Biagi do mercado de trabalho", com o objetivo de tornar mais flexível as relações de trabalho, bem como diminuir as taxas de desemprego através da inserção de novos tipos contratuais.

Deste modo, a reforma Biagi cria a figura do contrato de trabalho a projeto, previsto nos artigos 61 a 69 do Decreto Legislativo n° 276,

---

[265] SILVA, Otavio Pinto. *Subordinação, autonomia e parassubordinação nas relações de trabalho*. São Paulo: LTr, 2004. p. 104.

[266] Idem, p. 105.

[267] Dentre as normas estendidas ao trabalhador parassubordinado encontra-se a aplicação da taxa legal de juros e correção monetária no caso de condenação judicial ao pagamento de crédito trabalhista. Em matéria tributária, foi instituído uma tutela diferenciada para estes trabalhadores (*co.co.co*), desonerando tais contratos através da Lei n. 342/00 e dos decretos presidenciais n. 597/73 e n. 917/86. Na seara previdenciária, foram editadas normas como a Lei n° 335/95, que estabeleceu o regime previdenciário obrigatório para os trabalhadores parassubordinados, as Leis n° 449/97 e n° 144/99, que garantiram, respectivamente, o auxílio-maternidade e a cobertura contra acidentes de trabalho. Para maior aprofundamento sobre os direitos estendidos aos parassubordinados, consultar BULGUERONI, Renata Orsi. Parassubordinação: origens, elementos, espécies e tutela. *In:* MANNRICH, Nelson (Coord.). *Reforma do mercado de trabalho*: a experiência italiana. São Paulo: LTr, 2010. p. 126.

[268] SILVA, op. cit., p. 131.

de 10 de setembro de 2003, o que acaba por causar transformações no instituto da parassubordinação, já que institui um novo elemento caracterizador deste tipo de relação: o projeto, programa ou fase deste, conforme artigo 61.1.[269]

Passou-se, portanto, a exigir que juntamente com os elementos da colaboração coordenada, continuada e prevalentemente pessoal, sem vínculo de subordinação (instituídos pelo art. 409 do Código de Processo Civil italiano), estejam relacionados projetos específicos ou programas de trabalho ou fase destes, determinados pelo tomador dos serviços, portanto, nasce na Itália o contrato a projeto, conhecido como "*co.co.pro.*" (colaboração coordenada continuada a projeto).

Vale destacar que o Decreto nº 276/03, em seu artigo 62, inseriu outros elementos formais de observância obrigatória para a caracterização do contrato a projeto, como por exemplo, a formalização mediante contrato escrito, onde deve constar a sua duração, podendo ser determinada ou determinável e a remuneração devida ao prestador, proporcional à qualidade e à quantidade do serviço.

Quanto às tutelas conferidas aos trabalhadores parassubordinados, como visto, ficavam restritas ao campo processual, fiscal e previdenciário. Após a Reforma Biagi e o Decreto nº 276/03, que criou a modalidade do contrato a projeto, verifica-se que continuaram sendo tutelados direitos nas mesmas searas, ou seja, sem extensão dos direitos trabalhistas clássicos como, por exemplo, jornada de trabalho, férias, décimo terceiro salário, etc. Assim, além das regras relativas ao trabalho autônomo clássico (previstas no artigo 2.222 do Código Civil Italiano), e das normas de direito concedidas aos parassubordinados *co.co.co* (art. 409 do Código Civil Italiano), também são aplicadas no contrato a projeto as disposições do Decreto Legislativo nº 276/2003.

Os direitos previstos no Decreto, em resumo, são: direito à remuneração proporcional à quantidade e qualidade do trabalho realizado, que deve levar em conta a remuneração normalmente paga por serviços autônomos semelhantes no local onde a prestação do serviço é executada, conforme prevê o artigo 63. Já o artigo 64.1 dispõe sobre a possibilidade de o prestador de serviços trabalhar concomitantemente em favor de outros tomadores de serviço, desde que tal hipótese esteja

---

[269] Art. 61. *Definizione e campo di applicazione. 1. Ferma restando la disciplina per gli agenti e i rappresentanti di commercio, i rapporti di collaborazione coordinata e continuativa, prevalentemente personale e senza incolo di subordinazione, di cui all'articolo 409, n. 3, del codice di procedura civile devono essere riconducibili a uno o più progetti specifici o programmi di lavoro o fasi di esso determinati dal committente e autonomamente dal ollaboratore in funzione del risultato, nel rispetto del coordinamento con la organizzazione del committente e indipendentemente dal tempo impiegato per l'esecuzione della attività lavorativa.* Disponível em: <https://www.camera.it/parlam/leggi/deleghe/03276dl1.htm>. Acesso em: 17 de julho 2019. Acesso em: 05 set. 2019.

prevista contratualmente e que o prestador dos serviços não desenvolva atividade em concorrência com o tomador (art. 64.2).

No artigo 65 do Decreto, há a garantia do prestador de serviços ser reconhecido autor da invenção feita durante a execução do contrato. Já o artigo 66 reconhece direitos relativos a normas de medicina e segurança do trabalho. Nesse sentido, prevê no art. 66.1 que, em caso de gravidez, acidente ou doença ocupacional, o contrato celebrado entre as partes não será extinto, mas sim ficará suspenso, porém, sem o pagamento de qualquer contraprestação.

Em caso de doença e acidente, a suspensão do contrato não admite prorrogação do seu vencimento, além disso, há a possibilidade de o comitente rescindir o contrato caso a suspensão se prolongue por período superior a um sexto da duração estabelecida, ou a 30 (trinta) dias em caso de contrato por tempo indeterminado (art. 66.2). No caso de gravidez a regra é diferente, pois a duração do contrato é prorrogada por um período de 180 (cento e oitenta) dias, exceto em caso de disposição mais favorável no contrato individual (art. 66.3).

Ainda, no artigo 66.4, o legislador dispôs que se aplicam aos trabalhadores a projeto as regras de segurança e higiene no local de trabalho de acordo com o Decreto Legislativo n° 626/1994, quando a execução do trabalho ocorrer nos locais de trabalho do cliente, bem como as normas de proteção contra acidentes de trabalho e doenças do trabalho.

Além dos direitos referidos, o Decreto italiano refere que no caso de ausência do projeto, programa ou fase, como sanção será aplicada a conversão automática da relação em trabalho subordinado (art. 69.1), o mesmo acontecerá em caso de presença dos requisitos da relação de emprego (art. 69.2).

Gize-se que, embora tenha surgido essa nova espécie de relação de trabalho a projeto, tal não substituiu a relação da "velha parassubordinação", representada pelos contratos "*co.co.co*", ainda que orientada pelos mesmos requisitos,[270] deste modo, coexistem no ordenamento jurídico italiano o trabalho parassubordinado como gênero das espécies "*co.co.co*" (regulada pelo art. 409 do Código de Processo Civil italiano e demais legislações esparsas) e "*co.co.pro*" (trabalho a projeto regulado pelo Decreto Legislativo 276/2003), sendo que a primeira espécie é aplicável às relações de hipóteses de exclusão da segunda.[271]

---

[270] BULGUERONI, Renata Orsi. Parassubordinação: origens, elementos, espécies e tutela. *In:* MANNRICH, Nelson (Coord.). *Reforma do mercado de trabalho*: a experiência italiana. São Paulo: LTr, 2010. p. 130.

[271] Para melhor aprofundamento sobre as hipóteses de exclusão do trabalho a projeto, consultar BULGUERONI, op. loc. cit.

Para além do trabalho parassubordinado, seguindo a tendência de flexibilização das relações de trabalho, a Itália inaugura a regulação do *Lavoro Agile* (*smart working* ou contrato inteligente) através da Lei nº 81, de 22 de maio de 2017. O *lavoro agile* é uma modalidade de trabalho que se preocupa em favorecer a flexibilização do tempo e do local de trabalho, ainda que consista em um trabalho subordinado em que as partes acordam as fases, os ciclos e os objetivos do labor, sem impor limites relacionados ao tempo e local de prestação do serviço. Interessante referir que em nota o Ministério do Trabalho e de Políticas Sociais italiano refere que se trata de uma modalidade que ajuda o trabalhador a conciliar a vida e o tempo de trabalho e, ao mesmo tempo, incentivar o crescimento de sua produtividade.[272]

É garantido aos trabalhadores ágeis a igualdade de tratamento econômico e regulatório em comparação com os colegas que prestam o serviço da maneira usual,[273] bem como é necessário o contrato individual escrito, com a indicação dos dados do empregador, do trabalhador, do tipo de trabalho ágil (tempo fixo ou indeterminado), sua duração, a forma de exercício do poder de direção e de controle, e os instrumentos utilizados, prevendo ainda as medidas técnicas e organizacionais para promover a desconexão do trabalhador dos dispositivos eletrônicos.[274]

Interessante observar que nesta modalidade, embora flexível, o empregador tem o controle sobre o desempenho prestado pelo trabalhador fora das instalações da empresa, podendo, inclusive, aplicar sanções disciplinares (art. 21 da Lei italiana nº 81, de 22 de maio de 2017).

Por fim, dispõe o artigo 22 da referida legislação que o empregador garante a saúde e a segurança do trabalhador na modalidade ágil e

---

[272] ITÁLIA. Ministero del Lavoro e dele Politiche Sociali. *Smart working*. Roma, [2020]. Disponível em: <https://www.lavoro.gov.it/strumenti-e-servizi/smart-working/Pagine/default.aspx>. Acesso em: 22 jan. 2020.

[273] Art. 20.1. *Il lavoratore che svolge la prestazione in modalità di lavoro agile ha diritto ad un trattamento economico e normativo non inferiore a quello complessivamente applicato, in attuazione dei contratti collettivi di cui all'articolo 51 del decreto legislativo 15 giugno 2015, n. 81, nei confronti dei lavoratori che svolgono le medesime mansioni esclusivamente all'interno dell'azienda.*

[274] Art. 19 *Forma e recesso 1. L'accordo relativo alla modalita' di lavoro agile e' stipulato per iscritto ai fini della regolarita' amministrativa e della prova, e disciplina l'esecuzione della prestazione lavorativa svolta all'esterno dei locali aziendali, anche con riguardo alle forme di esercizio del potere direttivo del datore di lavoro ed agli strumenti utilizzati dal lavoratore. L'accordo individua altresi' i tempi di riposo del lavoratore nonche' le misure tecniche e organizzative necessarie per assicurare la disconnessione del lavoratore dalle strumentazioni tecnologiche di lavoro. 2. L'accordo di cui al comma 1 puo' essere a termine o a tempo indeterminato; in tale ultimo caso, il recesso puo' avvenire con un preavviso non inferiore a trenta giorni. Nel caso di lavoratori disabili ai sensi dell'articolo 1 della legge 12 marzo 1999, n. 68, il termine di preavviso del recesso da parte del datore di lavoro non puo' essere inferiore a novanta giorni, al fine di consentire un'adeguata riorganizzazione dei percorsi di lavoro rispetto alle esigenze di vita e di cura del lavoratore. In presenza di un giustificato motivo, ciascuno dei contraenti puo' recedere prima della scadenza del termine nel caso di accordo a tempo determinato, o senza preavviso nel caso di accordo a tempo indeterminato.*

deve disponibilizar ao empregado, pelo menos uma vez por ano, uma informação escrita dos riscos gerais e os riscos específicos associados à maneira específica de executar os serviços, ficando o trabalhador obrigado a cooperar na implementação das medidas preventivas preparadas pelo empregador para enfrentar os riscos relacionados à execução do labor fora das instalações da empresa.

Diante do exposto, percebe-se que o ordenamento jurídico italiano adota um posicionamento de abertura das relações laborais de forma que oferece diversas modalidades de labor, que vão sendo criadas de acordo com as necessidades advindas da evolução da sociedade, ou seja, abre-se um vasto leque de possibilidades de contratação, cabendo às partes fazer a opção daquele que mais se adequa a sua realidade e modelo de negócio.

3.3.3. *Breves considerações sobre o trabalhador economicamente dependente – experiência espanhola*

A exemplo do trabalho parassubordinado italiano, a Espanha cria legislação no sentido de flexibilização das relações de trabalho, inaugurando figura diversa das relações clássicas existentes – trabalho subordinado e trabalho autônomo – e denomina de trabalhador economicamente dependente, ao qual se tecerão algumas considerações no decorrer deste tópico.

Primeiramente, cumpre destacar que a Constituição da Espanha (1978) garante aos espanhóis o direito ao trabalho, assim como a Constituição brasileira, conforme visto no primeiro capítulo desta pesquisa, e ainda, impõe a todos os espanhóis o dever de trabalhar (artigo 35 da CF espanhola).

Assim, tem-se que o trabalho na Espanha, analisado sob a ótica constitucional, está posto de forma genérica, e não restrito apenas à relação de emprego que, constitui uma das espécies das diversas relações de trabalho existentes, e assim, representa um dos objetivos do Estado espanhol na promoção do progresso social (art. artigo 35 da CF espanhola).

O trabalhador autônomo na Espanha não desfruta das normas de proteção previstas no Estatuto dos Trabalhadores, que se preocupa em abranger aqueles trabalhadores que possuem interesses contrapostos aos interesses dos empresários, ou seja, os trabalhadores subordinados.[275]

---

[275] APILLUELO MARTÍN, Margarita. *Los derechos sociales del trabajador autónomo*: especialmente del pequeno e del dependiente. Valencia: Tirant lo Blanch, 2006. p. 12.

Porém, segundo a professora Margarita Martín, os legisladores espanhóis observaram que, em decorrência do novo modelo econômico baseado na globalização e nas novas tecnologias da informação e comunicação (TICs), novas formas de prestar atividades surgiram, resultando em uma flexibilização laboral. Assim, esse cenário propiciou o surgimento do trabalhador autônomo que possui características de um trabalhador subordinado,[276] seria uma espécie de "meio-termo" entre o empregado e o autônomo.

Assim, frente a essa mudança social, o citado país europeu sentiu a necessidade de olhar para essa nova relação de trabalho e publicou a Lei nº 20 em 11 de julho de 2007, que instituiu o Estatuto do Trabalhador Autônomo, que regula tanto atividade do trabalhador autônomo tradicional como a atividade do trabalhador autônomo economicamente dependente, também chamado de "TRADE".

O referido Estatuto do Trabalho Autônomo, no seu Artigo 1º do Capítulo I, dispõe sobre sua abrangência e delimitação, fazendo menção ao trabalhador autônomo economicamente dependente,[277] sendo que, no artigo 11 do capítulo III,[278] define esta modalidade de trabalhador como aqueles que realizam uma atividade econômica profissional a título lucrativo e de forma habitual, pessoal, direta e predominantemente para uma pessoa física ou jurídica, denominada cliente, de quem depende economicamente por perceber, ao menos, 75% (setenta e cinco por cento) de seus rendimentos de trabalho e de atividades econômicas profissionais.

Vislumbra-se, então, a adoção por parte do Estatuto, de um critério objetivo de dependência econômica: 75% (setenta e cinco por cento) dos rendimentos advindos de uma pessoa física ou jurídica (cliente), pois desta forma, estaria caracterizada a dependência econômica, por ser o principal meio de subsistência do trabalhador. Assim, tem-se um trabalhador que possui uma autonomia jurídica, porém, depende economicamente do seu cliente.

Ainda, para ser considerado trabalhador economicamente dependente, o Estatuto estipulou alguns requisitos descritos no item 2 do

---

276 APILLUELO MARTÍN, Margarita. *Los derechos sociales del trabajador autónomo*: especialmente del pequeno e del dependiente. Valencia: Tirant lo Blanch, 2006. p. 13-14.

277 *Artículo 1. [...] 2. Se declaran expresamente comprendidos en el ámbito de aplicación de esta Ley, siempre que cumplan los requisitos a los que se refiere el apartado anterior: [...] d) Los trabajadores autónomos económicamente dependientes a los que se refiere el Capítulo III del Título II de la presente Ley.*

278 *Artículo 11. Concepto y ámbito subjetivo. 1. Los trabajadores autónomos económicamente dependientes a los que se refiere el artículo 1.2.d) de la presente Ley son aquéllos que realizan una actividad económica o profesional a título lucrativo y de forma habitual, personal, directa y predominante para una persona física o jurídica, denominada cliente, del que dependen económicamente por percibir de él, al menos, el 75 por ciento de sus ingresos por rendimientos de trabajo y de actividades económicas o profesionales.*

artigo 11,[279] sendo eles: a) não ter a seu cargo empregados nem contratar ou subcontratar a sua atividade com terceiros; b) não executar sua atividade de maneira conjunta e indiferenciada com os trabalhadores que prestem serviços sob qualquer forma contratual por conta do cliente; c) dispor de infraestrutura produtiva e material próprio necessários para o exercício da atividade; d) desenvolver sua atividade sob critérios organizativos próprios, sem prejuízo das indicações técnicas de caráter geral que possam receber de seus clientes; e) perceber uma contraprestação econômica em função do resultado de sua atividade, de acordo com o pactuado pelo cliente e assumindo os riscos da atividade.

Ainda, o artigo 12 do referido Estatuto exige a celebração de contrato escrito para esta modalidade de prestação de trabalho e que tal contrato seja registrado no órgão público correspondente, além da necessidade de constar expressamente no contrato a condição de dependência econômica com relação a tal cliente.

Para Alfredo Montoya Melgar e Rodrigo Martín Jiménez, a exigência de contrato tem força de constituir maior segurança jurídica a esta modalidade de trabalho, tendo em vista que, para descaracterizar tal relação, é necessário produção de provas robustas com o fito de demonstrar a natureza subordinada da relação, o que não se faz de forma fácil.[280]

Por fim, em relação às tutelas de garantias ofertadas a esta modalidade de trabalhador, o artigo 14 do Estatuto dispõe sobre a jornada de trabalho, prevendo o direito à interrupção anual das atividades por 18 dias úteis, sem prejuízo de condição mais favorável prevista em contrato individual ou coletivo (artigo 14, item 1); dispõe que, por meio de contrato individual ou acordo de interesse profissional, será determinado o regime de descanso semanal e dos feriados, a quantia máxima de jornada e sua distribuição (artigo 14, item 2), ou seja, o trabalhador tem direito a férias na proporção estipulada, bem como descansos semanais e nos feriados e previsão de fixação da jornada de trabalho.

Outra garantia referente à jornada laboral é a de que a realização de atividade por tempo superior ao pactuado contratualmente será

---

[279] *Artículo 11. Concepto y ámbito subjetivo. 2. Para el desempeño de la actividad económica o profesional como trabajador autónomo económicamente dependiente, éste deberá reunir simultáneamente las siguientes condiciones: a) No tener a su cargo trabajadores por cuenta ajena ni contratar o subcontratar parte o toda la actividad con terceros, tanto respecto de la actividad contratada con el cliente del que depende económicamente como de las actividades que pudiera contratar con otros clientes. b) No ejecutar su actividad de manera indiferenciada con los trabajadores que presten servicios bajo cualquier modalidad de contratación laboral por cuenta del cliente. c) Disponer de infraestructura productiva y material propios, necesarios para el ejercicio de la actividad e independientes de los de su cliente, cuando en dicha actividad sean relevantes económicamente. d) Desarrollar su actividad con criterios organizativos propios, sin perjuicio de las indicaciones técnicas que pudiese recibir de su cliente. e) Percibir una contraprestación económica en función del resultado de su actividad, de acuerdo con lo pactado con el cliente y asumiendo riesgo y ventura de aquélla.*

[280] MELGAR, Alfredo Montoya; MARTÍN JIMÉNEZ, Rodrigo. *Estatuto del trabajo autónomo – comentario a la Ley 20/2007, de 11 de Julio.* Navarra: Thomson; Civitas, 2007. p. 155.

voluntária, não podendo exceder o incremento máximo estabelecido em acordo de interesse profissional ou, na ausência deste, o percentual de 30% do tempo ordinário de atividade individualmente acordado (artigo 14, item 3). Tem-se, também, a garantia de que o horário da atividade procurará se adaptar à rotina do trabalhador, buscando permitir que este consiga conciliar a via pessoal, familiar e profissional (artigo 14, item 4).

Quanto às possibilidades de extinção do contrato, prevê o artigo 15 do Estatuto: o mútuo acordo, as causas validamente consignadas no contrato, morte, aposentadoria ou invalidez incompatíveis com a atividade; desistência contratual, devendo ser observado neste caso o aviso prévio à parte contrária; vontade do trabalhador fundada em descumprimento contratual grave da outra parte; vontade do cliente por motivo justificado, devendo observar o aviso prévio, por vontade da trabalhadora vítima de violência de gênero ou por qualquer outra causa estabelecida legalmente.

Gize-se que essa nova estruturação do trabalho autônomo trazida pela legislação em 2007 visava a uma valoração do trabalho autônomo, podendo ser este *"una libre elección para muchas personas que valoran su autodeterminación y su capacidade para no depender de nadie"*.[281] [282]

Diante do exposto, verifica-se que a legislação estrangeira abre o leque de possibilidades de novas relações de trabalho com o fito de abranger os trabalhadores que se encontram em "zonas cinzentas", pois estes já não se encaixam nos institutos anteriormente criados e que por anos foram suficientes. Sendo assim, acredita-se que estas inovações representam uma modernização legislativa que buscam acompanhar a realidade da sociedade na seara laboral e devem acontecer para que um número maior de trabalhadores seja beneficiado e não fiquem à margem da proteção destinada apenas aos empregados, já que o movimento de formalização de postos de trabalho na modalidade emprego não tem ocorrido, como se verificou no tópico referente ao mercado de trabalho brasileiro.

Por fim, com os subsídios até aqui apresentados, passa-se, no próximo capítulo, especificamente, para a análise da relação entre motoristas e aplicativos digitais de intermediação de serviços, perpassando pela modalidade de relação de emprego, trabalho autônomo e ainda, pela hipótese de categoria híbrida.

[281] Tradução livre: " escolha livre para muitas pessoas que valorizam sua autodeterminação e sua capacidade de não depender de ninguém".

[282] Texto retirado do preâmbulo do Estatuto dos Trabalhadores Autônomos da Espanha, Lei nº 20/2007.

4. O trabalho dos motoristas de aplicativo na *gig economy*[283]

O mercado de trabalho atravessa um momento de transição, ficando notório que o modelo em que a empresa é responsável pela entrega de benefícios regulados pelo Estado já não abrange a totalidade de relações laborais contemporâneas. Diante deste cenário, viu-se nos últimos anos, a rápida ascensão do fenômeno denominado de "economia compartilhada", marcado pelo trabalho mediado pela tecnologia digital.

Tendo em vista a necessidade de se manter o olhar para essa nova realidade laboral, este capítulo irá apresentar uma compreensão da economia do compartilhamento, em especial da modalidade *gig economy*, sendo o objetivo final a análise do enquadramento jurídico adequado existente na relação entre plataforma digital de intermediação de serviços e os motoristas de aplicativo.

4.1. O novo mercado e a economia colaborativa: compreensão do fenômeno

A expressão "economia compartilhada" (*sharing economy*) tem sido utilizada frequentemente nos últimos anos e, apesar disso, há um enorme dissenso sobre o seu significado. Diversas outras denominações são utilizadas como sinônimos deste mesmo fenômeno, sendo eles economia colaborativa (*colaborative economy*), economia gig (*gig economy*), economia de plataformas (*plataforma economy*), capitalismo da multidão (*crowd-based capitalism*), economia de serviços sob demanda (*on demand economy*), economia de pessoa para pessoa (*peer-to-peer economy*).

Primeiramente, um problema conceitual surge em razão da colisão de significados propostos. De um lado, têm-se os estudos acadê-

[283] Tradução livre: economia gig.

micos sobre lógicas cooperativas e de reciprocidade em economias em rede, de outro lado, o uso comercial e financeiro midiático do termo "economia de compartilhamento".[284]

Pode-se dizer que, até os anos 2000, o termo *sharing economy* (economia compartilhada) era utilizado para designar práticas éticas, de "troca recíproca" e compartilhamento, como por exemplo a troca de alimentos por traços de aproximação afetiva, ou seja, sem qualquer relação com a utilização de plataformas digitais para utilização de bens ociosos.[285]

A partir do implemento de forma mais abrangente da comunicação em rede através da internet, o termo *sharing economy* adquire outro sentido. Nesta fase, teóricos como Yochai Benkler e Michel Bauwens se destacam em suas pesquisas. Benkler propõe o conceito de *commons-based peer production* (produção por pares baseada em bens comuns) e, segundo o autor, a cooperação floresce em certos segmentos da sociedade em rede e possibilita a sustentação de um modo de produção onde não há salários, jornada de trabalho, gerenciamento hierárquico, etc.[286]

Bauwens, por sua vez, defende a ideia de produção em pares como o início de um grande movimento de transformação do capitalismo, decorrente das alterações tecnológicas e culturais resultando assim na economia *peer-to-peer* ("de igual para igual"), que pode ser compreendida como uma forma de dinâmica relacional, baseada da equivalência dos atores e na realização de tarefas comuns, como processos de tomada de decisão amplamente distribuídos em rede.[287]

Como se percebe os autores inserem o debate do compartilhamento dentro de uma ótica da economia política da internet e da sociedade em rede, tratando como um método para a produção, de forma mais social.[288]

Outra conceituação da economia do compartilhamento surge após a crise financeira dos Estados Unidos em 2008, período em que houve forte recessão econômica, desencadeando redução no número de em-

---

[284] ZANATTA, Rafael Augusto Ferreira. Economia do compartilhamento: superando um problema conceitual. *In:* ZANATTA, Rafael A. F.; PAULA, Pedro C. B.; KIRA, Beatriz (Org.). *Economias do compartilhamento e o Direito*. Curitiba: Juruá, 2017. p. 79.

[285] Idem, p. 84.

[286] BENKLER, Yochai. *The wealth of networks*: how social productions transforms markets and freedom. New Haven: Yale University Press, 2006. p. 107-108.

[287] BAUWENS, Michel. Peer to peer and human Evolution. *Integral Visioning*, v. 15, 2005. p. 11.

[288] Registra-se que a economia do compartilhamento vista sob a ótica proposta por Benkler e Bauwens não é o foco da presente pesquisa, por isso, não se aprofundou na temática. Para maiores esclarecimento sugere-se a leituras das obras: BENKLER, Yochai. *The wealth of networks*: how social productions transforms markets and freedom. New Haven: Yale University Press, 2006; BAUWENS, Michel. Peer to peer and human Evolution. *Integral Visioning*, v. 15, 2005.

pregos[289] e reascendendo o debate nos EUA sobre o "consumo colaborativo", e com isso, propagar a ideia de utilização de bens ociosos já existentes para o aumento da renda.[290]

Essa nova fase pode ser representada pela obra de Rachel Botsman e Roo Roger, denominada "*What is Mine is Yours*"[291] ("O que é meu é seu" em tradução livre) que propõe ser o ato de compartilhar uma "onda socioeconômica com o apelo mais sustentável", pois busca a prevalência do acesso ao produto em detrimento da propriedade deste, permitindo que as pessoas economizem dinheiro, espaço e tempo, façam novos amigos e se tornem cidadãos mais ativos.[292]

Veja-se que a referida obra aborda o consumo colaborativo a partir de como as pessoas consomem, e não como as pessoas produzem, tendo como princípio a capacidade ociosa de bens que podem ser divididos sem que as pessoas percam suas liberdades ou estilo de vida.[293] Então, dentro do sistema do consumo colaborativo proposto, com a preocupação da capacidade dos indivíduos em cooperar com o bem comum, sem rotulação de paradigmas capitalista ou socialista, os autores identificam serviços como o da empresa Uber, mercados de distribuição como da OLX, habitação como Airbnb, dentre outros.

Em pouco tempo a expressão "consumo colaborativo" se misturou com "economia do compartilhamento" *(sharing economy)* nos EUA, e o sucesso de empresas como Airbnb[294] passou a chamar a atenção do mercado financeiro e da mídia, fazendo com que surgisse um mercado emergente no Vale do Silício – Califórnia –, com inúmeros empreendimentos dedicados à monetização do uso temporários de recursos.[295]

Assim, diversos pesquisadores passaram a se interessar pela *sharing economy*, que, com o desenvolvimento da economia baseada em plataformas digitais, transformou o compartilhamento em um grande modelo de negócio capitalista,[296] sendo o fenômeno analisado a partir

---

[289] TOURAINE, Alain. *Após a crise*: a decomposição da vida social e o surgimento de atores não sociais. Rio de Janeiro: Vozes, 2011. p. 20.

[290] ZANATTA, Rafael Augusto Ferreira. Economia do compartilhamento: superando um problema conceitual. *In:* ZANATTA, Rafael A. F.; PAULA, Pedro C. B.; KIRA, Beatriz (Org.). *Economias do compartilhamento e o Direito*. Curitiba: Juruá, 2017. p. 88.

[291] BOTSMAN, Rachel; ROGERS, Roo. *What is mine is yours*: how collaborative consumption is changing the way we live. London: Colins, 2011.

[292] Idem, p. 14.

[293] Idem, p. 15.

[294] Plataforma que permite negociar o compartilhamento de uma casa ou um apartamento por um preço sugerido por algoritmos.

[295] ZANATTA, op. cit., p. 90.

[296] ZIPPERER, André Gonçalves. *A intermediação de trabalho via plataformas digitais*: repensando o direito do trabalho a partir das novas realidades do século XXI. São Paulo: LTr, 2019. p. 48.

de diversas perspectivas, conforme observa Chris Martins: i) oportunidade econômica; ii) forma de consumo mais sustentável; iii) caminho para uma economia mais descentralizada, equitativa e sustentável; iv) meio de desregulamentação de mercados; v) modo de reforço ao paradigma neoliberal; vi) incoerente campo de inovação.[297]

Ainda quanto a expressão "economia de compartilhamento", Alex Stephany reconhece que há contradição na denominação, porém, explica em sua influente obra, que mantém a utilização da expressão tendo em vista que ela domina o discurso sobre a temática e ao se tentar modificar correria o risco de quebrar o movimento de criações baseadas no fenômeno que considera social e positivo do ponto de vista econômico.[298]

Para Sundararajun, além da economia do compartilhamento ser popular pela associação às empresas conhecidas como Uber e Airbnb existe popularmente o fomento do idealismo dos primeiros proponentes das abordagens sobre economia do compartilhamento, em que haveria uma transformação para um capitalismo no qual as pessoas estariam conectadas por um senso de comunidade,[299] o que faz com seja ainda mais atraente esse modelo de negócio.

Zipperer expõe que do seu ponto de vista a "economia compartilhada" ou "colaborativa" é um fenômeno que pressupõe gratuidade e colaboração em iguais condições, o que não expressa a tendência de mercado atual, que há uma economia baseada no capital e na exploração da mão de obra na sua forma clássica. Adotando então, a nomenclatura "economia de intermediação por plataforma *on-line*".[300]

Assim, considerando o consenso entre os autores no que diz respeito às múltiplas facetas da *sharing economy* ou economia do compartilhamento, essencial que ao se analisar o fenômeno se identifique a qual situação se está referindo, especialmente pela época, pois, como visto até aqui, ao longo do tempo a nomenclatura foi adquirindo conjecturas variadas e também derivações, sendo assim, acredita-se na ideia de que "economia do compartilhamento" é uma expressão guarda-chuva que abrange uma série de negócios completamente diferentes, embora

---

[297] MARTIN, Chris J. The sharing economy: a pathway to sustainability or a nightmarish form of neoliberal capitalism? *Ecological Economics*, v. 121, p. 149-159, 2016. Disponível em: <https://doi.org/10.1016/j.ecolecon.2015.11.027>. Acesso em: 11 set. 2019.

[298] STEPHANY, Alex. *The business of sharing*: making it in the new sharing economy. Londres: Pelgrave Macmillan, 2015. p. 12.

[299] SUNDARARAJAN, Arun. *Economia compartilhada*: o fim do emprego e a ascensão do capitalismo de multidão. São Paulo: Senac, 2018. p. 35.

[300] ZIPPERER, André Gonçalves. *A intermediação de trabalho via plataformas digitais*: repensando o direito do trabalho a partir das novas realidades do século XXI. São Paulo: LTr, 2019. p. 50.

todos compartilhem a ideia de usar uma plataforma *on-line* para combinar oferta e demanda.[301]

Neste sentido, observada a vasta gama de oportunidades de negócios proporcionados pela economia compartilhada (*sharing economy*), Todolí Signes[302] propõe a divisão de tal fenômeno em (i) "Compartilhamento de bens via plataforma digital", quando se estiver tratando de compartilhamento de bens e em (ii) *crowdsourcing*, que trata da intermediação de trabalho na multidão.

O "compartilhamento de bens via plataforma digital" pode ser "comercial" ou "não comercial", e é destinado a atuar como intermediário na conexão entre provedores e consumidores e pode ser remunerado ou não. Nesse modelo, os proprietários colocam seus produtos no mercado através da plataforma *on-line* (que é explorada por um terceiro) e com isso aumenta a concorrência, possibilitando aos usuários mais opções.[303]

Veja-se que este modelo está mais atrelado a visão de consumo colaborativo proposta por Botsman e Rogers, já exposto anteriormente, e que possibilita um maior acesso a coisa sem necessariamente ser proprietário, um exemplo é o *Airbnb*,[304] que é uma empresa mundial que afirma ser a maior provedora de alojamento temporário do mundo, porém, não é proprietária de nenhum destes locais (compartilhamento de bens comercial) ou ainda a empresa *Couchsurfing*,[305] que é uma plataforma destinada ao compartilhamento de acomodação *on-line* não comercial e sem fins lucrativos.

Já o *crowdsoursing*[306] significa ofertar um trabalho que tradicionalmente é exercido por um trabalhador para um grupo de pessoas indefinido, sob a forma de chamada aberta.[307] Esses grupos geralmente são grandes e por isso são chamadas de multidões (*crowds*).

---

301 ZIPPERER, André Gonçalves. *A intermediação de trabalho via plataformas digitais*: repensando o direito do trabalho a partir das novas realidades do século XXI. São Paulo: LTr, 2019. p. 52.

302 SIGNES, Todolí. *El contrato de trabajo en el S. XXI*: La economía colaborativa, On-demand economy, Crowdsorcing, Uber economy y otras formas de descentralización productiva que atomizan el mercado de trabajo. Disponível em: <https://ssrn.com/abstract=2705402>. Acesso em: 13 set. 2019.

303 ZIPPERER, op. cit., p. 53.

304 AIRBNB. Disponível em: <https://www.airbnb.com.br>. Acesso em: 08 out. 2019.

305 COUCHSURFING. Disponível em: <https://www.couchsurfing.com/>. Acesso em: 08 out. 2019.

306 Este termo foi apresentado por Jeff Howe no artigo *"The rise of crowdsourcing" cuja tradução livre seria* "A ascenção do *crowdsourcing*" e tem origem nas palavras *crowd* (multidão) e *outsorcing* (terceirização). *Disponível em:* <https://www.wired.com/2006/06/crowds/>. Acesso em: 17 set. 2019.

307 HOWE, Jeffe. *Crowdsourcing*: a definition. [*S.l.*], 02 jun. 2006. Disponível em: <https://crowdsourcing.typepad.com/cs/2006/06/crowdsourcing_a.html>. Acesso em: 13 set. 2019.

Ensina Zipperer que "não se trata de uma multidão trabalhadora com propósitos finalísticos conjuntos, mas de um agrupamento de indivíduos trabalhadores conectados na mesma base".[308] Observa-se que este modelo apresenta uma estrutura tripartite, de um lado as pessoas que solicitam uma tarefa, de outro lado os trabalhadores que executam a tarefa e recebem por isso e no meio dessa relação há a plataforma digital responsável pela intermediação dos atores.[309]

Como sinônimo da modalidade *crowdsoursing* tem-se largamente utilizado a expressão *gig economy* (que seria termo relacionado à economia dos bicos), que pode ser definida, segundo o *Cambridge Dictionary,*[310] como "Uma forma de trabalho baseada em pessoas que têm empregos temporários ou fazem atividades de trabalho *freelancer*, pagas separadamente, em vez de trabalhar para um empregador fixo", ou seja, trata-se de um arranjo alternativo ao emprego.

Observa-se que a economia *gig* se refere "a uma maneira de organizar o trabalho onde as pessoas têm ocupações temporárias e curtas, muitas vezes, nem sempre, para diferentes tomadores ou requerentes"[311] havendo o intermédio de uma plataforma digital *on-line* entre a pessoa que realiza o trabalho e o requerente do serviço.

Ressalta-se que no *crowdsourcing* ou *gig economy* se está falando de intermediação de serviço, seja ele especializado ou não, podendo ser citado alguns exemplos: fotografia, transporte, traduções, culinária, etc., diferente do modelo de "compartilhamento de bens via plataforma digital", que tem como foco, como o próprio nome já diz, o compartilhamento de coisas, bens, produtos.

A *gig economy* (*crowdsoursing*) pode ser ainda dividida em duas modalidades, que levam em consideração se o trabalho é prestado *on-line* ou *off-line,* conforme classificação proposta por Todolí Signes,[312] ou conforme ensinamento de Valerio de Stefano podem ser chamados de "*crowdemployment*" e "*on-demand*", respectivamente:[313]

---

308 ZIPPERER, André Gonçalves. *A intermediação de trabalho via plataformas digitais*: repensando o direito do trabalho a partir das novas realidades do século XXI. São Paulo: LTr, 2019. p. 55.

309 SIGNES, Todolí. La regulación especial del trabajo en la gig economy. *Revista de Estudios para Desarrollo Social de la Comunicación*, n. 15, 2017. Disponível em: <http://revista-redes.hospedagemdesites.ws/index.php/revista-redes/article/view/502/535>. Acesso em: 13 set. 2019.

310 GIG ECONOMY. *In: Cambridge Dictionary*. [*S.l.*], [2019]. Disponível em: <https://dictionary.cambridge.org/us/dictionary/english/gig-economy>. Acesso em: 11 set. 2019.

311 ZIPPERER, op. cit., p. 47.

312 SIGNES, Todolí. *El contrato de trabajo en el S. XXI*: La economía colaborativa, On-demand economy, Crowdsorcing, Uber economy y otras formas de descentralización productiva que atomizan el mercado de trabajo. Disponível em: <https://ssrn.com/abstract=2705402>. Acesso em: 13 set. 2019.

313 STEFANO, Valerio de. *The Rise of the Just-in-Time Workforce: On-Demand Work, Crowdwork, and Labor Protection in the Gig-Economy*. Disponível em: <https://ssrn.com/abstract=2682602>. Acesso em: 13 set. 2019.

a) ***crowdsourcing on-line (crowdemployment)*** – nessa modalidade, o trabalho não é realizado em um local físico específico e pode ser executado sem qualquer encontro presencial entre as partes, utiliza-se apenas o ciberespaço.[314] Dessa forma, percebe-se que o trabalho pode ser realizado em qualquer parte do mundo, criando uma verdadeira "concorrência globalizada".

Na prática, a tarefa é disponibilizada na plataforma virtual, e os trabalhadores se candidatam a realizá-la no prazo que normalmente é estipulado pelo solicitante da tarefa e em troca recebem o valor estabelecido entre eles.[315]

No *crowdsourcing on-line* é comum haver uma divisão da atividade em microtarefas,[316] não necessitando de trabalhadores com grandes habilidades. Inclusive a OIT lista as dez principais microtarefas realizadas nas plataformas: coletas de dados específicos (endereço de *e-mails*, localização); categorização (classificação de produtos em grupos de acordo com raça, gênero); verificação e validação de conteúdo; acesso a conteúdo (retuitar um tuíte, fazer cadastro em *website*); moderação de conteúdo (triagem de conteúdo gerado por usuários postados em *sites*); pesquisas de mercado; inteligência artificial (coleta de material e treinamento de algoritmo destinados à inteligência artificial); transcrição de diferentes tipos de mídias; criação e edição de conteúdos (como por exemplo de *posts* em redes sociais); pesquisas sobre o comportamento de consumidores.[317]

Todolí refere que a diferença do *crowdsourcing on-line* e do emprego tradicional está na ideia de que o último está baseado em uma relação entre um empresário e muitos empregados (na maioria dos casos),

---

[314] SIGNES, Todolí. *El contrato de trabajo en el S. XXI*: La economía colaborativa, On-demand economy, Crowdsorcing, Uber economy y otras formas de descentralización productiva que atomizan el mercado de trabajo. Disponível em: <https://ssrn.com/abstract=2705402>. Acesso em: 13 set. 2019.

[315] Cumpre referir que se pode ter também o *crowdsourcing online* voluntário, ou seja, que não há qualquer pagamento para o executor da tarefa, cita-se por exemplo o *site* da *Wikipedia;* Há também o *crowdsourcing online* por concurso, onde um valor é oferecido para aquele que primeiro concluir a tarefa com sucesso e pode ser utilizado por exemplo em tarefas que envolvam a solução de cálculos matemáticos complexos. Cf. SIGNES, Todolí. *El contrato de trabajo en el S. XXI*: La economía colaborativa, On-demand economy, Crowdsorcing, Uber economy y otras formas de descentralización productiva que atomizan el mercado de trabajo. Disponível em: <https://ssrn.com/abstract=2705402>. Acesso em: 13 set. 2019.

[316] David Alan Grier apresenta em sua obra uma classificação de cinco *crowdsourcing on-line*, sendo uma delas a de "microtarefas" ou "*microtasking*", sendo esta a modalidade clássica e mais usual. Para maior aprofundamento sobre a classificação de Grier, por não corresponder tal tema com o objeto essencial da presente pesquisa, recomenda-se a leitura de GRIER, David Alan. *Crowdsourcing for dummies*. Chichester: John Wiley & Sons, 2013. p. 73-74.

[317] INTERNATIONAL LABOUR ORGANIZATION (ILO). *Digital labour platforms and the future of work*: towards decent work in the online world. Geneva, 2018. Disponível em: <https://www.ilo.org/global/publications/books/WCMS_645337/lang--en/index.htm>. Acesso em: 13 set. 2019. p. 16-22.

já nesta nova modalidade de negócios se averigua que o trabalho está calcado em uma relação entre muitos empregadores e muitos trabalhadores, sendo que os trabalhos podem durar poucos minutos,[318] ou seja, há uma transformação no modelo produtivo.

A empresa de plataforma digital que bem ilustra um exemplo de *crowdsourcing on-line* é a Amazon Mechanical Turk (AMT),[319] que em suma possui o papel de criar um mercado e permitir que os requerentes entrem em contato com os trabalhadores através da sua plataforma. Assim, as tarefas são descritas e disponibilizadas através das páginas denominadas HITs (*Human Intelligence Task* ou tarefas de inteligência humana) bem como o prazo a ser cumprido e o valor que será pago (chamado de recompensa), do outro lado, os trabalhadores (chamados de "*turkers*"), que estão cadastrados na plataforma, podem se habilitar e realizar aquele serviço. O requerente paga o valor para a plataforma que posteriormente repassa um percentual para o trabalhador, ficando com parte do valor pago.[320]

Os termos de uso da plataforma da *AMT* indicam de forma expressa que os trabalhadores são autônomos e ressalta que não realiza qualquer seleção ou averiguação em relação a solicitantes ou provedores.[321] Gize-se que a Organização Internacional do Trabalho (OIT),[322] em pesquisa aqui já referida, aponta como benefício desta modalidade de negócio, a possibilidades de realização do trabalho por uma maior quantidade de pessoas, tendo em vista que se trata de atividades que não exigem grandes habilidades ou conhecimento técnico, como por exemplo: copiar ou traduzir textos, procurar endereços de *e-mails*, identificar erros ortográficos, etc.

b) ***crowdsourcing off-line (on-demand)*** – esta modalidade requer que o trabalho seja desempenhado em um local físico específico, ou seja, o trabalho exige a presença física do trabalhador em algum local

---

[318] SIGNES, Todolí. *El contrato de trabajo en el S. XXI*: La economía colaborativa, On-demand economy, Crowdsorcing, Uber economy y otras formas de descentralización productiva que atomizan el mercado de trabajo. Disponível em: <https://ssrn.com/abstract=2705402>. Acesso em: 13 set. 2019.

[319] Disponível em: <https://www.mturk.com/>. Acesso em: 30 set. 2019.

[320] ZIPPERER, André Gonçalves. *A intermediação de trabalho via plataformas digitais*: repensando o direito do trabalho a partir das novas realidades do século XXI. São Paulo: LTr, 2019. p. 65.

[321] Para maior aprofundamento sobre o funcionamento da plataforma digital Amazon Machanical Turk recomenda-se consulta ao *site* da empresa, disponível em: <https://www.mturk.com/>. Acesso em: 13 set. 2019 e também na obra ZIPPERER, André Gonçalves. *A intermediação de trabalho via plataformas digitais: repensando o direito do trabalho a partir das novas realidades do século XXI*. São Paulo: LTr, 2019. P. 66-72.

[322] INTERNATIONAL LABOUR ORGANIZATION (ILO). *Digital labour platforms and the future of work*: towards decent work in the online world. Geneva, 2018. Disponível em: <https://www.ilo.org/global/publications/books/WCMS_645337/lang--en/index.htm>. Acesso em: 13 set. 2019. p. 82-86.

certo e determinado,[323] essa é a distinção essencial da modalidade vista anteriormente, sendo que as demais características são comuns: baseadas na existência de uma plataforma que vai ter a função de aproximar os requerentes do grupo de trabalhadores.

Segundo Zipperer, este novo modelo de negócio é "uma combinação de diversos fatores. Entre eles, o desejo por flexibilidade".[324] A jornada rígida de trabalho não tem sido considerada atrativa pelos trabalhadores da atual geração: para 77% deles uma jornada flexível os faria mais produtivos e, para 74% dos entrevistados, a flexibilidade é considerada o fator mais importante para uma empresa.[325]

Assim, a *gig economy* permite que os trabalhadores tenham autonomia para decidir quando e onde vão trabalhar, possibilitando que o labor seja compatível com outras atividades da sua rotina, como por exemplo levar e buscar filhos na escola ou como fonte de renda extra para as famílias que exercem atividades tradicionais. Ressalta-se que na modalidade *off-line* desaparece a concorrência globalizada, já que há a exigência de realização física de uma atividade, e, portanto, está delimitada a uma área específica.[326]

Os serviços que podem ser ofertados nesta modalidade são os mais variados, como por exemplo: transporte, ensino, montagem de móveis, culinária, treinamento pessoal. Interessante observar que em países em desenvolvimento como África do Sul, Índia e México há um crescimento exponencial no *crowdsourcing off-line* no ramo do trabalho doméstico.[327] [328]

Porém, no Brasil, foi no setor de transportes que grandes mudanças ocorreram nos últimos anos decorrentes do surgimento das plataformas digitais, sendo a empresa Uber aquela que se destaca nesta área, e portanto, no próximo tópico, por ser o tema central desta pesquisa, merecendo maior aprofundamento, será abordado o funcionamento do *crowdsourcing off-line* no setor de transportes.

---

323 ZIPPERER, André Gonçalves. *A intermediação de trabalho via plataformas digitais*: repensando o direito do trabalho a partir das novas realidades do século XXI. São Paulo: LTr, 2019. p. 72.

324 Idem, p. 58.

325 ERNST & YOUNG. *Global generations*: a global study on work-life challenges across generations – detailed findings. [*S.l.*], 2015. Disponível em: <http://www.ey.com/us/en/about-us/our/people-and-culture/ey-work-life-challenges-across-generations-global-study>. Acesso em: 25 set. 2019.

326 BARBOSA JR., Francisco de Assis. *Gig economy e contrato de emprego*: aplicabilidade da legislação trabalhista aos vínculos de trabalho da nova economia. São Paulo: LTr, 2019. p. 32.

327 Plataformas com grande utilização no ramo doméstico são a *Domestly* (África do Sul), cf. DOMESTLY. Disponível em: <https://domestly.com/>. Acesso em: 18 set. 2019; e a *Bookmybai* (Índia), cf. BOOKMYBAI. Disponível em: <https://www.bookmybai.com/>. Acesso em: 18 set. 2019.

328 ZIPPERER, op. cit., p. 73.

4.1.1. *Plataforma digital de intermediação de serviços no setor de transportes: estudo de caso da empresa Uber*

A empresa Uber atua no setor de transporte de passageiros, aproximando os usuários que desejam utilizar o serviço aos usuários que ofertam a prestação do labor e que são denominados de "motoristas parceiros". Após sucesso da Uber, outras empresas concorrentes surgiram, como por exemplo o "Cabify"[329] e "99",[330] que e possuem basicamente o mesmo funcionamento que será exposto a seguir.

A Uber foi fundada em 2009 por Garrett Camp e Travis Kalanick, sendo que a proposta inicial era ser um serviço semelhante a um táxi de luxo na cidade de São Francisco (Califórnia).[331] Entre 2010 e 2011, a Uber recebeu quase US$ 50 (cinquenta) milhões de dólares em investimentos feitos por *Angelist* (lista de possíveis investidores em *startups* do Vale do Silício). Em 2015, a Uber recebeu uma nova rodada de investimento, o que fez seu valor de mercado subir para US$ 51 (cinquenta e um) bilhões de dólares.[332] Em maio de 2019, a Uber era avaliada em cerca de US$ 120 (cento e vinte) bilhões de dólares por analistas de mercado.[333]

No início, a empresa se identificava como uma empresa de transportes, sendo que o seu nome original era "Ubercab" (ou "Ubertáxi"), após, passou a intitular-se como uma "plataforma de tecnologia que conecta motoristas parceiros com usuários por meio de um aplicativo para smartphones"[334] e transformou-se no serviço "UberX", convidando pessoas habilitadas a dirigir para serem parceiras e ofertarem seus serviços com carros próprios a passageiros pagantes.[335]

No Brasil, a Uber chegou em 2014,[336] sendo que para ser um usuário pagante deve-se ter mais de dezoito anos, baixar o aplicativo da

---

[329] CABIFY. Disponível em: <https://cabify.com/pt-BR>. Acesso em: 08 out. 2019.

[330] "99". Disponível em: <https://99app. com>. Acesso em: 08 out. 2019.

[331] RAO, Leena. Uber brings its disruptive car service to chicago. *TechCrunch*, [*s.l.*], 22 sep. 2011. Disponível em: <https://techcrunch.com/2011/09/22/uber-brings-its-disruptive-car-service-to-chicago/>. Acesso em: 08 out. 2019.

[332] TEC. Microsoft investe no Uber e leva a empresa a valor recorde. *Folha de São Paulo*, São Paulo, 31 jul. 2015. Disponível em: <https://www1.folha.uol.com.br/tec/2015/07/1663191-microsoft-investe-no-uber-e-eleva-a-empresa-a-valor-recorde-diz-jornal.shtml>. Acesso em: 08 out. 2019.

[333] MERCED, Michael J. de la; CONGER, Kate. Uber is said to aim for I.P.O. valuation of up to $100 billion. *The New York Times*, New York, 10 Apr. 2019. Disponível em: <https://www.nytimes.com/2019/04/10/technology/uber-ipo.html>. Acesso em: 08 out. 2019.

[334] UBER. *Como a Uber funciona?* Disponível em: <https://help.uber.com/pt-BR/riders/article/como-a-uber-funciona?nodeId=738d1ff7-5fe0-4383-b34c-4a2480efd71e>. Acesso em: 08 out. 2019.

[335] ZIPPERER, André Gonçalves. *A intermediação de trabalho via plataformas digitais*: repensando o direito do trabalho a partir das novas realidades do século XXI. São Paulo: LTr, 2019. p. 76.

[336] APP de caronas sensação nos EUA, Uber chega a São Paulo. *G1*, 2014. Disponível em: <http://g1.globo.com/tecnologia/tem-um-aplicativo/noticia/2014/06/app-de-caronas-sensacao-nos-eua-uber-chega-sao-paulo.html>. Acesso em: 08 out. 2019.

empresa no smartphone, registrar-se, fornecendo dados pessoais. Para utilização, basta fazer o *login* no aplicativo e solicitar o serviço de transporte.

O pedido então é recebido, e a empresa localiza os motoristas cadastrados na sua plataforma que estão mais próximos do usuário solicitante. O motorista recebe um sinal de solicitação e tem dez segundos para aceitar ou recusar a viagem, sendo localizado outro motorista, se for o caso. Assim que o motorista aceita o pedido de viagem, a empresa informa o passageiro da localização do mesmo e é possível que eles entrem em contato um com o outro através do próprio aplicativo, sem que seja fornecido o número do telefone deles (no caso do aplicativo Cabify não há esta possibilidade, é fornecido o número de telefone).[337]

Assim que o passageiro embarca no veículo, o motorista toma conhecimento do destino e tem a opção de seguir o trajeto sugerido pelo GPS do próprio aplicativo ou fazer o percurso sugerido pelo passageiro. Ao final, a corrida é encerrada pelo motorista, e o aplicativo solicita que seja feita uma avaliação daquela viagem, disponibilizando uma escala de uma a cinco estrelas.

Ressalta-se que o motorista avalia o passageiro e vice-versa, caso um motorista possua uma avaliação média baixa, ele receberá mensagens com dicas para melhorar sua avaliação e caso sua média ainda permaneça abaixo da nota mínima na cidade, poderá perder acesso à plataforma e o mesmo se aplica aos usuários. A plataforma aponta que tal medida avaliativa serve para garantir a integridade, a segurança e a boa convivência nas viagens realizadas pelo aplicativo.[338]

Observa-se que quando o motorista se cadastra na plataforma lhe são informadas algumas regras da empresa que são denominadas de "Políticas de Desativação" e estão disponíveis no *site* da empresa,[339] vejam-se algumas delas:

a) Proibido ficar *online* sem disponibilidade imediata: quando o motorista acessar a plataforma, deve estar disponível para realizar viagens;

b) Proibido ficar *online* na plataforma e ter uma taxa de aceitação menor do que a taxa referência da cidade na qual atua o motorista;

---

337 ZIPPERER, André Gonçalves. *A intermediação de trabalho via plataformas digitais*: repensando o direito do trabalho a partir das novas realidades do século XXI. São Paulo: LTr, 2019. p. 77.

338 UBER. Disponível em: <https://www.uber.com/pt-BR/blog/veja-como-funciona-e-para-que-serve-a-avaliacao-da-uber/>. Acesso em: 08 out. 2019.

339 UBER. *Política de desativação*. Disponível em: <https://www.uber.com/pt-BR/drive/resources/regras/>. Acesso em: 09 out. 2019.

c) Taxa de cancelamento: não pode aceitar viagens e ter uma taxa de cancelamento maior do que a taxa referência da cidade nas qual atua o motorista;

d) Proibido criar perfil falso, seja de usuário ou de motorista;

e) Proibido manipular viagens usando *software*, GPS ou qualquer outro método para criar viagens ou localização falsas;

f) Proibido usar, direta ou indiretamente, meios inapropriados para obter vantagens junto à plataforma, inclusive tentar ganhar, de maneira indevida, promoções, indicações, códigos promocionais, preço de viagens, preço de ajustes de viagens, taxa de cancelamento, preço de viagens promocionais ou avaliações altas;

g) Proibido realizar viagens, por meio do aplicativo, previamente combinadas com usuários;

h) Proibido possuir foto cadastrada na plataforma incompatível com a foto apresentada na Carteira Nacional de Habilitação;

i) Proibido manter uma média de avaliação por parte dos usuários da plataforma abaixo da média de avaliação da cidade;

j) Proibido deixar outra pessoa utilizar o cadastro do motorista, realizar viagens com veículo incompatível com o veículo cadastrado, portar arma de fogo, utilizar a marca Uber de maneira indevida e sem a prévia autorização e gravar o usuário sem o seu consentimento;

k) Proibido qualquer ato de violência como ofensa a integridade corporal, assédio moral, assédio sexual, contato físico não consensual e discriminação.

A empresa refere ainda que a lista acima é meramente exemplificativa, sendo que atos que coloquem em risco a confiabilidade da plataforma, podem levar à rescisão contratual e fazer com que o motorista parceiro perca acesso ao aplicativo.[340]

Para além das referidas regras, é exigido que o automóvel cadastrado na plataforma seja de ano modelo 2008 ou mais novo (no caso de modalidade UberX que é a mais básica), tenha quatro portas, cinco lugares e ar-condicionado, não sendo aceitos carros adesivados, com alteração do sistema de freios ou suspensão, sinistrados ou recuperados.[341]

Quanto ao preço das viagens, a plataforma informa a fórmula utilizada: preço base + valor com base na duração + valor com base na

[340] UBER. *Política de desativação*. Disponível em: <https://www.uber.com/pt-BR/drive/resources/regras/>. Acesso em: 09 out. 2019.

[341] UBER. *Carros aceitos*. Disponível em: <https://www.uber.com/pt-BR/blog/uber-carros-aceitos/>. Acesso em: 09 out. 2019.

distância * multiplicador de preço dinâmico – taxa da Uber + pedágios e outras taxas.[342] Os valores são repassados ao motorista parceiro toda a segunda-feira,[343] ficando com a Uber um percentual que varia entre 20% (vinte por cento) e 25% (vinte e cinco por cento) a depender da modalidade em que foi realizada a viagem (por exemplo: "UberX", "UberBlack" ou "UberPool").[344]

A forma de remuneração paga ao motorista pode ter também algumas variações conforme bonificações criadas pela empresa,[345] como por exemplo pelo número de viagens ou por estar a X horas *on-line* e mesmo que a viagens seja gratuita para o usuário (por conta de promoções) ela será remunerada ao motorista pela Uber.[346]

Por fim, destaca-se que nos termos do contrato de utilização entre usuário e a Uber consta que a empresa "não é fornecedora de bens, não presta serviços de transporte ou logística, nem funciona como transportador", refere também que "todos esses serviços de transporte ou logística são prestados por prestadores terceiros independentes que não são empregados(as) e nem representantes da Uber, nem de qualquer de suas afiliadas".[347]

Diante do exposto, compreendido o funcionamento das plataformas digitais de intermediação do serviço de transporte particular, na presente pesquisa representada pela empresa Uber, importante neste momento fazer a análise do labor prestado pelo motorista parceiro à luz dos elementos caracterizadores da relação de emprego.

4.2. Análise do enquadramento jurídico "empregado *versus* autônomo" do motorista de aplicativo

Apesar de ter chegado ao Brasil há menos de cinco anos, pode-se dizer que a Uber ocasionou mudanças significativas no cenário laboral.

[342] UBER. *Ganhos dos motoristas parceiros*. Disponível em: <https://www.uber.com/pt-BR/drive/resources/ganhos/>. Acesso em: 09 out. 2019.

[343] UBER. *Repasse de pagamento*. Disponível em: <https://www.uber.com/pt-BR/blog/como-funciona-o-repasse-de-ganhos-do-motorista-parceiro-com-a-uber/>. Acesso em: 09 out. 2019.

[344] BRASIL ECONÔMICO. Motorista da Uber agora receberá de acordo com o tempo e a distância da corrida. *iG*, [*s.l.*], 03 jul. 2018. Disponível em: <https://tecnologia.ig.com.br/2018-07-03/motorista-uber-porcentagem.html>. Acesso em: 09 out 2019.

[345] A partir de 02 de julho de 2018 os aplicativos da empresa Uber começaram a permitir que fosse pago pelos passageiros uma gratificação aos motoristas. O valor da gratificação é customizável e repassado integralmente ao motorista. Informação disponível em: <https://uberbra.com/gorjetas-na-uber/>. Acesso 25 de jan. 2020.

[346] UBER. *Ganhos dos motoristas parceiros*. Disponível em: <https://www.uber.com/pt-BR/drive/resources/ganhos/>. Acesso em: 09 out. 2019.

[347] UBER. *Termos e condições*. Disponível em: <https://www.uber.com/pt-BR/legal/terms/br/>. Acesso em: 09 out 2019.

A empresa informa em seu *site* que possui mais de vinte e dois milhões de usuários no Brasil e mais de seiscentos mil motoristas parceiros, realizando dezessete milhões de viagens por dia em todo o mundo.[348]

A sociedade aderiu ao novo modelo de serviço prestado de forma rápida e em grande escala, fazendo com que diversos problemas fossem surgindo sem que houvesse um tempo de amadurecimento e assentamento das ideias sobre o tema. Relembrando que a velocidade é uma característica das tecnologias surgidas na atualidade, e o ser humano certamente precisará se adaptar ao novo ritmo. Neste contexto, as formas pelas quais o trabalho ocorre na *gig economy* suscitam diversos questionamentos no âmbito jurídico, inclusive no Direito do Trabalho.

A principal discussão que acontece nesse âmbito diz respeito ao enquadramento jurídico que deve ser aplicado aos motoristas de aplicativo em relação à plataforma intermediadora, sendo a questão levada ao Poder Judiciário, no qual se verifica que a discussão perpassa pela dicotomia entre relação de emprego *versus* trabalho autônomo.

4.2.1. Análise dos elementos da relação de emprego no caso dos motoristas de aplicativo

No Brasil, diversas reclamações trabalhistas foram ajuizadas requerendo o reconhecimento de vínculo de emprego entre motoristas de aplicativos e a plataforma Uber. Alguns casos já ensejaram manifestação dos Tribunais Regionais do Trabalho sobre o tema e que serão utilizados neste tópico como forma de demonstrar os posicionamentos controvertidos que envolvem a matéria.[349]

Assim, revisados os conceitos principais que envolvem a temática e o funcionamento da nova forma de prestação de labor, pode-se com mais precisão analisar a existência ou não de vínculo empregatício, sendo que este para ser configurado deve-se ter a presença dos seus elementos caracterizadores extraídos dos artigos 2º e 3º da CLT, conforme visto no capítulo anterior.

---

[348] UBER. *Fatos e dados sobre a Uber*. Disponível em: <https://www.uber.com/pt-BR/newsroom/fatos-e-dados-sobre-uber/>. Acesso em: 10 out 2019.

[349] Esclarece-se que por questão didática optou-se por utilizar somente decisões dos Tribunais Regionais do Trabalho, sendo encontrados até o fechamento da pesquisa cinco acórdãos, sendo dois no sentido de reconhecimento de vínculo de emprego (Processo nº 1000123-89.2017.5.02.0038 do Tribunal Regional do Trabalho da 2ª Região, 15ª Turma, Relatora Beatriz Lima; Processo nº 00108-62.2017.5.03.001, Tribunal Regional do Trabalho da 3ª Região, 11ª Turma, Relator Luiz Antônio Iennaco) e três acórdãos no sentido de não reconhecimento de vínculo de emprego (Processo nº 0011359-34.2016.5.03.0112, Tribunal Regional do Trabalho da 3ª Região, 9ª Turma, Relatora Maria Stela Campos; Processo nº 1001574-25.2016.5.02.0026, Tribunal Regional do Trabalho da 2ª Região, 8ª Turma, Relatora Sueli Tomé; Processo nº 0010947-93.2017.5.15.0093, Tribunal Regional do Trabalho da 15ª Região, 10ª Câmara, Relator Edison Santos Pelegrini).

No que diz respeito à *pessoalidade*, merece ser mencionada a decisão da Nona Turma do TRT da 3ª Região,[350] que reconheceu a inexistência de vínculo entre motorista e a empresa Uber referindo, dentre outras fundamentações, que há a possibilidade de um motorista parceiro cadastrar outro motorista para o mesmo veículo (também cadastrado), sendo que o pagamento seria repassado ao primeiro motorista e também a possibilidade de contratação de pessoa jurídica, de acordo com os "Termos e Condições Gerais de Intermediação Digital" juntado aos autos, afastando assim o requisito da pessoalidade.

Todavia, cumpre mencionar que não se logrou êxito em localizar o referido Termo no *site* da empresa, sendo possível verificar que nos termos das Políticas e Regras consta a proibição de "outra pessoa utilizar seu cadastro de motorista parceiro da Uber".[351] Assim, entende-se que a pessoalidade aparentemente se encontra presente na relação, mas se ressalva que com uma simples alteração nas regras da empresa, como por exemplo, o Termo utilizado na fundamentação do TRT da 3ª Região é capaz de elidir tal presunção.

Todavia, gize-se que a presença do elemento pessoalidade parece ser uma forma de dar maior segurança aos usuários bem como assegurar uma melhor qualidade na prestação do serviço, sendo assim, talvez não seja interesse das empresas, tampouco dos usuários, que tal elemento seja afastado da relação.

Quanto à *não eventualidade*, entende-se ser um elemento que não se faz presente na relação ora analisada, pois o motorista de aplicativo possui ampla liberdade no que diz respeito à jornada de trabalho, não possuindo horário preestabelecido de labor. Tanto é assim que o *marketing* no *site* da empresa Uber se apoia na ideia de flexibilização: "flexibilizando seus horários e aumente a sua renda no ritmo de trabalho que desejar".[352]

Entretanto, em decisão da 11ª Turma, também do TRT da 3ª Região,[353] datada de 17 de julho de 2019, os desembargadores decidiram pelo reconhecimento de vínculo de emprego entre o reclamante e a

---

[350] BRASIL. Tribunal Regional do Trabalho da Terceira Região. Nona Turma. Acórdão sobre Recurso Ordinário (TRT-3-RO-0011359-34.2016.5.03.0112). Recorrente: UBER do Brasil Tecnologia Ltda. Recorrido: Rodrigo Leonardo Silva Ferreira. Relator: Maria Stela Álvares da Silva Campos. Belo Horizonte, 25 de maio de 2017. Acesso em: 27 março de 2018.

[351] UBER. *Políticas e Regras*. Disponível em: <https://www.uber.com/pt-BR/drive/resources/regras/>. Acesso em: 10 out. 2019.

[352] UBER. Como se cadastrar. Disponível em: <https://www.uber.com/pt-BR/blog/como-se-cadastrar-no-uber/>. Acesso em: 11 out. 2019

[353] BRASIL. Tribunal Regional do Trabalho da Terceira Região. Décima Primeira Turma. Acórdão sobre Recurso Ordinário (TRT-3-RO-0010806-62.2017.5.03.0011). Recorrente: Eustaquio da Paixao Dias. Recorrido: Uber do Brasil Tecnologia Ltda. Relator: Luiz Antônio de Paula Iennaco. belo Horizonte, 17 de julho de 2019.

empresa Uber e na fundamentação mencionou-se que a habitualidade estava presente, tendo em vista que os documentos acostados aos autos comprovaram que havia uma frequência regular no labor. Discorda-se da decisão mencionada, afinal, o trabalhador teve regular frequência no labor por sua livre escolha, ele tinha a possibilidade de a seu bel-prazer escolher somente alguns dias para trabalhar e esta autonomia na gestão do tempo descaracteriza o elemento da não eventualidade, já que não há qualquer acordo ou expectativa dos dias que serão trabalhados, sendo que a escolha cabe somente ao trabalhador.

Referente ao elemento da *onerosidade*, foi visto no capítulo anterior que este se manifesta pelo pagamento, pela retribuição ao serviço prestado. No caso dos motoristas de aplicativo, trata-se de labor com remuneração, não é gratuito. Porém, segundo a Uber, é o motorista que a remunera pela utilização do aplicativo. Tal argumento parece frágil, pois é a empresa que controla a política de pagamento, seja em relação ao preço cobrado por tempo de viagem e por quilômetros percorridos, seja quanto aos modos de pagamento, promoções ou descontos oferecidos para os usuários. Além do mais, como já dito, a Uber remunera os motoristas mesmo que a viagem seja gratuita ao usuário.

Assim, entende-se pela existência da onerosidade na relação, sendo inegável que por ser um contrato bilateral e sinalagmático por si só já se verifica tal elemento, conforme referido no acórdão da 9ª Turma do TRT da 3ª Região, que concluiu pela inexistência de vínculo de emprego.[354] Também no sentido de presença do elemento da onerosidade, para a 15ª Turma do Tribunal Regional da 2ª Região,[355] pouco importa se o valor recebido pelo motorista de aplicativo é custeado diretamente pelas empresas demandadas ou pelos usuários pois, já reconhecem que a remuneração do empregado pode ser paga por terceiros. Assim, em nível dos Tribunais Regionais do Trabalho, este é um elemento que apresenta um maior consenso no que se refere a sua presença na relação ora examinada.

Já quando se trata do elemento da *subordinação*, percebe-se que há maior controvérsia de entendimentos nos julgados (TRTs), provavel-

---

[354] BRASIL. Tribunal Regional do Trabalho da Terceira Região. Nona Turma. Acórdão sobre Recurso Ordinário (TRT-3-RO-0011359-34.2016.5.03.0112). Recorrente: Uber do Brasil Tecnologia Ltda. Recorrido: Rodrigo Leonardo Silva Ferreira. Relator: Maria Stela Álvares da Silva Campos. Belo Horizonte, 25 de maio de 2017. Disponível em: <https://as1.trt3.jus.br/juris/detalhe.htm?conversationId=4122>. Acesso em: 28 out. 2019.

[355] BRASIL. Tribunal Regional do Trabalho da Segunda Região. Décima Quinta Turma. Acórdão sobre Recurso Ordinário (TRT-2-1000123-89.2017.5.02.0038). Recorrido: UBER DO BRASIL TECNOLOGIA LTDA., UBER INTERNATIONAL B.V. E UBER INTERNATIONAL HOLDING B.V. Relator: Des. Beatriz de Lima Pereira. São Paulo, 20 de fevereiro de 2019. Disponível em: <http://search.trtsp.jus.br/easysearch/cachedownloader?collection=coleta014&docId=14a9c0cd0ef75e32ac0eff7afe065f0ce6ad46a5&fieldName=Documento&extension=html#q=>. Acesso em: 28 out. 2019.

mente pela própria conceituação do instituto que suscita, na atualidade, opiniões diferentes,[356] especialmente, no cenário acadêmico brasileiro, conforme já demonstrado no capítulo anterior.

Sob a ótica da subordinação jurídica clássica, que corresponde a uma limitação à autonomia do empregado e em que a execução dos serviços se pauta pelas normas que são traçadas pelo empregador, acredita-se que não há como vislumbrar tal elemento na prestação de labor do motorista de aplicativo, pois, este tem ampla autonomia no que diz respeito à execução do serviço, definindo jornada de trabalho, período de férias, intervalos, etc.

Tal modelo da subordinação encontra-se em crise diante das novas formas de trabalho da modernidade justamente porque foi condicionado historicamente a determinado grau das técnicas produtivas, já que antigamente era mais fácil às empresas manterem um controle vigilante sobre o empregado.[357]

A teoria da subordinação objetiva, umas das correntes "expansionistas" do conceito da subordinação, defende ser empregado aquele trabalhador que tem a sua atividade integrada na organização objetivo da empresa, ou seja, visa à atividade do empregado. Acredita-se que tal elemento pode ser afastado no caso dos motoristas de aplicativo se a plataforma digital for considerada uma empresa de tecnologia, tal como se intitula a Uber, pois neste caso, o motorista não estaria inserido nos fins e objetivos do empreendimento.

Todavia, há entendimento jurisprudencial em sentido contrário, considerando que o objetivo fim da Uber é uma empresa de transportes, e não de tecnologia, sob o fundamento de que há controle da concretização do serviço de transporte prestado pelo motorista parceiro. Sendo que se fosse mera ferramenta eletrônica, a plataforma não iria sugerir o preço do serviço de transporte a ser prestado e sobre o valor sugerido estabeleceriam o percentual a si destinado. Também não condicionariam a permanência do motorista às avaliações feitas pelos usuários do serviço de transporte.[358]

---

[356] O Tribunal Ordinário de Torino – Itália, ao julgar caso envolvendo o pedido de vínculo de trabalhador com a plataforma de intermediação de serviço Foodora, apontou como um dos fundamento que para que seja averiguada a presença do elemento da subordinação seria necessário que houvesse a determinação do tempo e lugar do trabalho, o que não foi provado no caso concreto, e, então, decidiu pela inexistência de vínculo de emprego. Cf. ITÁLIA. Tribunale Ordinario di Torino. Quinta Sezione Lavoro. *Sentenza n. 778/2018*. Pubblicato a: 07 magg. 2018. Disponível em: <https://www.lavorodirittieuropa.it/sentenze/sentenze-lavori-atipici/171-tribunale-di-torino-sez-v-lavoro-sentenza-n-778-2018>. Acesso em: 20 jan. 2020.

[357] ZIPPERER, André Gonçalves. *A intermediação de trabalho via plataformas digitais*: repensando o direito do trabalho a partir das novas realidades do século XXI. São Paulo: LTr, 2019. p. 107.

[358] BRASIL. Tribunal Regional do Trabalho da Terceira Região. Décima Primeira Turma. Acórdão sobre Recurso Ordinário (TRT-3-0010806-62.2017.5.03.0011). Recorrente: Eustaquio da Paixao

Tal teoria possui uma abrangência ampla e pode apresentar diferentes graus e intensidades em decorrência das várias formas de prestação de trabalho, sendo que a probabilidade de verificar sua presença nas relações é bem alto, sendo que para Zipperer ela seria capaz de abranger até mesmo hipóteses não alcançadas pela noção tradicional.[359] Inclusive, o entendimento de Delgado também é neste sentido, de que até mesmo os trabalhadores autônomos acabavam sendo incorporados ao conceito da subordinação objetiva.[360]

Ainda mais ampla que a subordinação objetiva está a teoria da subordinação estrutural, que defende ser empregado aquele trabalhador inserido na dinâmica empresarial, independente de receber ou não suas ordens diretas, bastando a integração na sua estrutura, dinâmica de funcionamento e organização [361]

Delgado justifica seu posicionamento apontando que a compreensão das dimensões da subordinação "permite não somente adequar o conceito jurídico, pela interpretativa, às modificações da vida real, renovando o necessário expansionismo do ramo juslaborativo, como também relativizar a utilização de fórmulas jurídicas restritivas de direitos sociais e fundamentais"[362]

Como bem observado por Fabio Ulhoa Coelho, o elemento "inserção na dinâmica da atividade econômica" proposto por Delgado alcança uma infinidade de trabalhadores e de outros agentes econômicos extraordinariamente largos, tanto é que até mesmo os franqueados se inserem na dinâmica da atividade do franqueador, no entanto, não há que se falar em direitos trabalhistas perante estes.[363]

Assim, no caso do motorista de aplicativo, por estar inserido na dinâmica empresarial de acordo com a subordinação estrutural, ter-se-ia presente o elemento da subordinação estrutural. Ocorre que é visível que as teorias expansionistas da subordinação buscam trazer para dentro da relação de emprego as novas formas de prestação de

Dias. Recorrido: UBER DO BRASIL TECNOLOGIA LTDA.Relator: Des. Luiz Antônio de Paula Iennaco . Belo Horizonte, 17 de julho de 2019.

359 ZIPPERER, André Gonçalves. *A intermediação de trabalho via plataformas digitais*: repensando o direito do trabalho a partir das novas realidades do século XXI. São Paulo: LTr, 2019. p. 107.

360 DELGADO, Maurício Godinho. Direitos fundamentais da relação de trabalho. *Revista LTr*, São Paulo, v. 70, n. 6, jun. 2006.

361 DELGADO, Maurício Godinho. *Curso de direito do trabalho*. 16. ed. São Paulo: LTr, 2017. p. 328.

362 DELGADO, Maurício Godinho. Relação de emprego e relações de trabalho: a retomada do expansionismo do direito trabalhista. *In:* SENA, Adriana Goulart de; DELGADO, Gabriela Neves; NUNES, Raquel Portugal (Coord.). *Dignidade humana e inclusão social*: caminhos para a efetividade do direito do trabalho no Brasil. São Paulo: LTr, 2010. p. 29.

363 COELHO, Fábio Ulhoa. Subordinação empresarial e subordinação estrutural. In: FREDIANI, Yone (coord.). *A valorização do trabalho autônomo e a livre-iniciativa*. Porte Alegre: Magister, 2015. p. 52-63.

labor, sob a justificativa de dar proteção para as novas modalidades de trabalho, pois a concepção clássica já não consegue dar a mesma abrangência do século passado.

Ao analisar a subordinação estrutural, Peres e Robortella concluem que esta leva a "um só modelo contratual para empregados próprios e de terceiros, para trabalho oneroso ou gratuito; para trabalho com ou sem pessoalidade", ou seja, uma subversão dogmática que altera o sentido dos elementos da relação de emprego previstos na CLT e que resultam na desconsideração de contratos civis e de trabalho.[364]

A crítica que se faz a estas teorias é justamente no sentido de alargarem demais o conceito da subordinação,[365] fazendo com que grande número de relações sejam consideradas vínculos de emprego, perdendo totalmente a essência tradicional desse elemento. Por isso, Alice Monteiro de Barros refere que não basta a inserção da atividade obreira na organização da empresa, sendo imprescindível, para caracterização da subordinação, a vinculação do empregado às ordens do empregador, ainda que de forma mitigada.[366]

Ao que parece, a subordinação estrutural nega as realidades heterogêneas de trabalhos existentes na modernidade, além de investir contra novos conceitos e modelos produtivos, desconstruir técnicas de gerenciamentos empresarial e verticalizar as empresas.[367]

Da mesma forma, Nahas observa que a subordinação estrutural, ao considerar empregados todos aqueles que fazem parte do processo produtivo e da dinâmica estrutural de funcionamento da empresa ou do tomador do serviço, significa dizer que "não há que se falar em nenhum tipo contratual diferente do que aquele adotado pela legislação trabalhista de 1943" e complementa que os novos modelos de contratos laborais devem ser admitidos pelo Estado e a eles dispensada a tutela adequada, pois assim será combatido o trabalho precário,[368] com o que se concorda plenamente, advogando-se pela inaplicabilidade das teorias expansionistas do conceito da subordinação, pois ao que se per-

---

364 PERES, Antonio Galvão; ROBORTELLA, Luiz Carlos Amorim. Subordinação estrutural na terceirização de serviços: subversão dogmática. *In:* FREDIANI, Yone (Coord.). *A valorização do trabalho autônomo e a livre-iniciativa*. Porte Alegre: Magister, 2015. p. 173-205.

365 Para André Jobim de Azevedo, a integração da atividade fim na organização empresária é um elemento vago, do qual não é possível se extrair a essência da subordinação, causando enorme insegurança jurídica. Cf. AZEVEDO, André Jobim. Relações contemporâneas de trabalho: observações. *In:* FREDIANI, Yone (Coord.). *A valorização do trabalho autônomo e a livre-iniciativa*. Porte Alegre: Magister, 2015. p. 48.

366 BARROS, Alice Monteiro de. *Curso de direito do trabalho*. 5. ed. São Paulo: LTr, 2009. p. 286.

367 PERES; ROBORTELLA, op. cit., p. 173-205.

368 NAHAS, Thereza Christina. Considerações a respeito da relação de trabalho: a questão do trabalho semidependente e da subordinação estrutural. *In:* FREDIANI, Yone (Coord.). *A valorização do trabalho autônomo e a livre-iniciativa*. Porte Alegre: Magister, 2015. p. 272-284.

cebe, estas vão em sentido contrário da globalização e dos avanços tecnológicos nas relações laborais.

Ressalta-se ainda que as regras e políticas adotadas pelas plataformas digitais, tais como definição dos valores pagos, modelos dos carros utilizados, avaliação do motorista pelo usuário, por vezes são utilizadas para caracterizar a presença do elemento subordinação. Contudo, concorda-se com a fundamentação do acórdão da 15ª Câmara do Tribunal Regional do Trabalho da 15ª Região,[369] no sentido de que as orientações de padrões mínimos de comportamento e sujeições as avaliações de usuários não configuram ingerência ou exercício do poder disciplinar, possuindo o escopo de aperfeiçoamento do sistema, e portanto, não são elementos aptos para indicar a existência de labor subordinado. Sendo referido também que o cumprimento das diretrizes empresárias expostas pela empresa Uber indica gestão da qualidade, logística costumeira em qualquer prestação de labor, até mesmo na autônoma.

Desta forma, conclui-se que não estão presentes concomitantemente todos os elementos necessários para a configuração relação de emprego (ausente principalmente a não eventualidade e a subordinação), porém, compreende-se que se trata de uma "zona cinzenta",[370] já que a análise dos elementos caracterizadores requer interpretações subjetivas que podem ser vistas de formas diferentes a depender da prova apresentada no processo judicial. Neste sentido de linha tênue e de análise do caso concreto, referem Ferraz, Olenike e Villatore: "A

---

[369] BRASIL. Tribunal Regional do Trabalho da Décima Quinta Região. Décima Câmara. Acórdão sobre Recurso Ordinário (TRT-15-0010947-93.2017.5.15.0093). Recorrentes: João Fernando da Silva e Uber do Brasil Tecnologia Ltda. Relator: Des. Edison dos Santos Pelegrini. Campinas, 17 de outubro de 2019.

[370] A dificuldade de enquadramento das novas formas de relações de trabalho também desafia o Poder Judiciário internacional. As decisões que envolvem o pedido de reconhecimento de vínculo de emprego entre trabalhador e as plataformas digitais de intermediação de serviço suscitam opiniões e fundamentos diversos, até mesmo em países com ordenamentos mais flexibilizadores, como por exemplo Itália e Espanha. Na Itália, o Tribunal Ordinário de Torino entendeu que não havia relação de emprego entre trabalhador e a plataforma Foodora (entrega de comida), especialmente sob o fundamento de que não se verificava presente o elemento da subordinação, tendo em vista a flexibilidade da jornada laboral do trabalhador. Cf. ITÁLIA. Tribunale Ordinario di Torino. Quinta Sezione Lavoro. *Sentenza n. 778/2018*. Pubblicato a: 07 magg. 2018. Disponível em: <https://www.lavorodirittieuropa.it/sentenze/sentenze-lavori-atipici/171-tribunale-di-torino-sez-v-lavoro-sentenza-n-778-2018>. Acesso em: 20 jan. 2020. Já na Espanha, o *Juzgado de lo Social* – Valencia, SJS núm. 6 de Valencia, entendeu haver vínculo de emprego envolvendo o trabalhador e a plataforma Deliveroo, pois estavam presentes os elementos que caracterizam tal relação, ainda que de forma "flexibilizada" em virtude dos meios tecnológicos disponíveis. Cf. VALENCIA. Juzgado de lo Social n. 6. *Sentencia n. 244/2018*. Julgado em: 01 jun. 2018. Disponível em: <https://www.isdc.ch/media/1590/13-juzgado-valencia-1-junio.pdf>. Acesso em: 20 jan. 2020. Ressalta-se que tais divergências jurisprudências também foram apontadas no estudo de GARCÍA QUIÑONES, Juan Carlos. Economía colaborativa y derecho del trabajo: dos realidades obligadas a entenderse en un contexto de difícil convivencia. *In:* MELLA MÉNDEZ, Lourdes (Dir.); VILLALBA SANCHEZ, Alicia (Coord.). *La revolución tecnológica y sus efectos en el mercado de trabajo*: un reto del siglo XXI. España: Wolters Kluwer, 2018. p. 97-154.

análise dos requisitos necessários dependerá, portanto, do caso em concreto, tendo em vista que cada motorista se relaciona com a empresa de forma diferente".[371]

Assim, apesar de se verificar que não estão presentes os elementos da relação de emprego e que o caso concreto se situa em uma zona limítrofe entre dois institutos jurídicos, cumpre aqui referir os entendimentos em sentido contrário, como por exemplo o do Ministério Público do Trabalho que lançou estudo intitulado de "Empresas de transporte, plataformas digitais e a relação de emprego: um estudo do subordinado sob aplicativos", concluindo pela existência de relação de emprego: "as novas relações que vêm ocorrendo através das empresas de intermediação por aplicativos, apesar de peculiares, atraem a plena aplicabilidade das normas de proteção ao trabalho subordinado".[372]

Também neste sentido, em 10 de setembro de 2019, a Assembleia Legislativa da Califórnia aprovou a lei denominada de "AB 5", que obriga as empresas de aplicativo Uber e Lyft a contratar seus motoristas como empregados. A lei aguarda a sanção do governador do Estado e deve entrar em vigor em janeiro de 2020.[373] Mas vale destacar que as garantias asseguradas aos empregados nos EUA são mais reduzidas que no Brasil, ficando limitadas basicamente a garantia de salário-mínimo, seguro-saúde (que algumas empresas oferecem, outras não), seguro-desemprego e férias remuneradas de duas semanas, uma vez por ano.[374]

Diante das divergências de posicionamento apresentadas neste tópico, não restam dúvidas de que o tema desafia o ambiente jurídico e exige um repensar dos institutos existentes, todavia, acredita-se que o caminho a ser trilhado não deve ser o de encaixar essa nova relação de trabalho do motorista de aplicativo na modalidade de emprego, seja pela ausência dos elementos exigidos para tanto, se considerados

---

[371] FERRAZ, Jessica Gilbert; OLENIKE, Miriam Olivia Knopik; VILLATORE, Marco Antônio César Villatore. A análise da possibilidade do vínculo empregatício entre os motoristas cadastrados e a empresa Uber. *RJLB*, a. 4, n. 5, p. 927-979, 2018. Disponível em: <https://www.researchgate.net/publication/327606465_A_ANALISE_DA_POSSIBILIDADE_DO_VINCULO_EMPREGATICIO_ENTRE_OS_MOTORISTAS_CADASTRADOS_E_A_EMPRESA_UBER>. Acesso em: 2 out. 2019.

[372] OITAVEN, Juliana Carreiro Corbal; CARELLI, Rodrigo de Lacerda; CASAGRANDE, Cássio Luís. *Empresas de transporte, plataformas digitais e a relação de emprego*: um estudo do trabalho subordinado sob aplicativos. Brasília: Ministério Público do Trabalho, 2018. Disponível em: <http://csb.org.br/wp-content/uploads/2019/01/CONAFRET_WEB-compressed.pdf>. Acesso em: 01 out. 2019.

[373] FEINGOLD, Danny. California legislature prepares to rein in gig economy. *The American Prospect*, [*s.l.*], 11 Sept. 2019. Disponível em: <https://prospect.org/labor/california-legislature-prepares-rein-gig-economy/>. Acesso em: 19 out. 2019.

[374] UNITED STATES OF AMERICA. Department of Labour. *Compliance assistance*: wages and the Fair Labor Standards Act (FLSA). Disponível em: <https://www.dol.gov/whd/flsa/>. Acesso em: 19 out. 2019.

a suas acepções clássicas, seja pela percepção de que a sociedade tem trilhado um caminho em sentido a um mercado de trabalho mais flexível e que permite uma concorrência globalizada, tendo em vista a realidade de trabalho proporcionada pelos avanços da Tecnologias da Informação e Comunicação.

Além do mais, entende-se que as novas formas de relações de trabalho estão em consonância com os fundamentos do Estado Democrático de Direito que buscam promover o valor social do trabalho, e não do emprego, como já referido no primeiro capítulo desta pesquisa (artigo 1°, inciso IV, da Constituição Federal) e também da livre iniciativa que é a base do mecanismo de funcionamento do mercado e significa uma liberdade de atuar e de participar do mercado, seja produzindo, vendendo ou adquirindo bens e serviços, ou, ainda, alienando sua força de trabalho. Assim, regular as novas relações de trabalho de forma que se modifique os institutos existes para se poder enquadrar em uma relação de emprego não parece respeitar a ideia de valoração do trabalho (e não do emprego) e tampouco respeitar a livre iniciativa, já que esta estaria sendo obstaculizada frente a intervenção de regulação do Estado.

4.2.2. *Argumentos econômicos e sociais que reforçam a incompatibilidade do vínculo de emprego na relação entre plataforma digital de intermediação e motoristas de aplicativo e o estranhamento do enquadramento na categoria de trabalho autônomo*

A relação de trabalho autônoma pressupõe que haja um labor por iniciativa própria do trabalhador, pois este organiza sua atividade de forma discricionária e determina o lugar, o modo, o tempo e a sua forma de execução, podendo ser exclusivo, contínuo ou não, conforme expressado no artigo 442-B da CLT.

Diante da legislação pátria vigente verifica-se que o enquadramento jurídico do motorista de aplicativo fica adstrito à hipótese de empregado ou de autônomo. No tópico anterior, verificou-se a ausência de alguns dos elementos da relação de emprego o que faz com que a hipótese de emprego seja eliminada e que a relação de trabalho analisada seja considerada um trabalho autônomo.

Gize-se que há fortes argumentos que indicam a autonomia do motorista de aplicativo, especialmente por este poder organizar por si só a sua jornada de trabalho, dispondo da flexibilidade conforme seu próprio interesse. Além do mais, o risco do empreendimento é do motorista, primeiramente porque o veículo utilizado no trabalho é de sua propriedade, em segundo lugar, ele só irá receber algum valor se houver chamados de viagens, caso esteja disponível na plataforma e nenhuma solicitação de usuário tenha sido feita, nenhum valor será pago a ele, bem como o motorista não será ressarcido da despesa que teve por desgaste no veículo, gasto com gasolina, limpeza, etc.

Ainda, Antonia Olivares,[375] ao apresentar os pontos que levam a considerar o motorista de aplicativo um trabalhador autônomo, refere que a Uber não realiza nenhuma supervisão na forma de prestar o labor e que as orientações existentes nas "Políticas e Termos de Uso" não são vinculantes para os motoristas, mas sim, orientações que podem ou não serem levadas em consideração.

Além das questões jurídicas, aspectos econômicos e sociais também podem influenciar na análise da relação dos motoristas de aplicativos. Uma das vertentes suscitadas é de que caso fosse reconhecido que a relação entre motorista e a Uber é de emprego, a empresa deixaria de operar no Brasil, tendo em vista os custos que isso iria ocasionar.

O provável desinteresse da empresa na manutenção das operações caso reconhecido o vínculo de emprego reside exatamente no custo de um empregado para uma empregadora, pois, conforme pesquisa apresentada por Prado Filho,[376] caso um trabalhador fosse contratado em 2018 por um salário de R$ 2.000,00 (dois mil reais) o real custo deste empregado para a empresa seria de R$ 3.376,00 (três mil, trezentos e setenta e seis reais), considerando impostos, todas as verbas trabalhistas, contribuição social e demais encargos previstos em lei. Assim, inegável que manter a média de ganho dos motoristas e arcar com os encargos trabalhistas e fiscais representa uma distribuição não viável, pois, caso não haja lucro para a empresa, também não haverá atividade econômica.[377]

Inclusive o próprio Tribunal Superior do Trabalho já havia se pronunciado em casos análogos envolvendo atividades em salões de beleza no sentido de que a impossibilidade de lucro é incompatível com a relação de emprego:

> [...] o ganho de comissões no percentual de 60% dos serviços prestados revela-se totalmente incompatível com a relação empregatícia, ao passo que inviabiliza o ganho de

---

375 OLIVARES, Antonia Díaz. Nuevas formas de trabajo: reflexiones en torno a la aplicación de Uber. *Revista de Estudios Ius Novum*, v. 11, n. 1, p. 153-184, 2018.

376 PRADO FILHO, H. Ayrton Rodrigues do. A gestão do custo do trabalhador no Brasil. *Ad Normas*, São Paulo, 01 jan. 2019. Disponível em: <https://revistaadnormas.com.br/2019/01/01/a-gestao-do-custo-do-trabalhador-no-brasil/>. Acesso em: 23 out. 2019.

377 ZIPPERER, André Gonçalves. *A intermediação de trabalho via plataformas digitais*: repensando o direito do trabalho a partir das novas realidades do século XXI. São Paulo: LTr, 2019. p. 172.

lucro pela entidade que seria supostamente a empregadora, com o labor dispensado pelo prestador de serviço.[378]

A partir desta constatação, entende-se haver duas situações possíveis, a primeira, para a Uber manter o interesse em operar com os motoristas empregados, iria pagar um salário no valor em que o seu custo final, considerando todos os encargos, seja inferior ou igual ao que é pago para um motorista autônomo atualmente, ou seja, se o motorista autônomo recebe em média R$ 4.000,00 (quatro mil reais) mensais, caso contratado como empregado, a empresa provavelmente irá pagar um salário de em média R$ 2.000,00 (dois mil reais) para que seus custos finais não ultrapassem os R$ 4.000,00 (quatro mil reais) que são pagos atualmente ao autônomo. Percebe-se que nesta situação o prejuízo é para o trabalhador, que acaba tendo sua renda diminuída.

A outra situação possível, caso enquadrada a relação como emprego, para a Uber manter o interesse em operacionalizar no Brasil, é que o custo seja repassado ao consumidor, ou seja, se for para manter o valor recebido pelo motorista como salário, para a empresa manter o seu lucro, afinal este é o objetivo de toda a empresa, aumentaria o valor do serviço para a população, o que sem dúvidas impediria que muitos brasileiros utilizassem o serviço, tendo em vista que o custo se tornaria alto para o padrão de vida nacional.

Neste contexto, sem dúvidas, deve ser levada em consideração também a autonomia da vontade privada do trabalhador.[379] Sabe-se que, quando do surgimento do Direito do Trabalho, houve a supressão dessa autonomia em decorrência do princípio da proteção, tendo em vista que a posição de hipossuficiência do trabalhador gerava uma "vontade viciada.[380] Assim, quando se está diante de uma relação de emprego tradicional, em que não há uma igualdade entre as partes contratantes, a autonomia privada não traduz uma situação de liberdade material e está ligadas à ideia de vulnerabilidade e poder.

Entretanto, adotando o posicionamento de que não se trata de uma relação de emprego tradicional, tampouco se está diante de um trabalhador com a hipossuficiência da lógica trabalhista pensada para

---

[378] BRASIL. Tribunal Superior do Trabalho. RR 13159620145030185. Relator: Breno Medeiros. Julgamento: 16.12.2015. Publicação: DEJT 18.12.2015.

[379] Segundo Judith Martins Costa, a "autonomia da vontade" está associada ao voluntarismo jurídico histórico que nela se legitimava, uma vez que era exaltado o poder jurídico da vontade. Já a expressão "autonomia privada" carrega em seu bojo um fato objetivo, o poder dos particulares de autorregular os seus interesses através de manifestações objetivas de comportamentos livremente assumidos. Cf. MARTINS-COSTA, Judith Hofmeister. *A reconstrução do direito privado*: reflexos dos princípios, diretrizes e direitos fundamentais constitucionais no direito privado. São Paulo: Revista dos Tribunais, 2002. p. 614-615.

[380] PLÁ RODRIGUEZ, Américo. *Princípios do direito do trabalho*. 3. ed. atual. São Paulo: LTr, 2000. p. 107.

os trabalhadores do século passado, parece imprescindível que a autonomia da vontade privada do trabalhador seja considerada e desta forma, se o trabalhador opta por exercer uma atividade flexível como a do motorista de aplicativo, em que não possui um salário fixo, podendo aumentar sua renda conforme seu ritmo de atividade, não parece crível que a legislação e jurisprudência desconsidere tal manifestação de vontade e declare que se está diante de uma relação de emprego trazendo diversos impactos econômicos para os motoristas, conforme visto.

Ressalta-se que até mesmo nas relações de emprego a privação de autonomia do trabalhador foi flexibilizada com a Reforma Trabalhista (Lei nº 13.467/2017), tanto é assim, que consagrou no texto celetista (art. 444) a possibilidade de o trabalhador hipersuficiente exercer uma maior autonomia privada e negociar o seu contrato de trabalho, podendo este prevalecer sobre a lei, de acordo com os limites das hipóteses previstas no artigo 611-A, da CLT.

Outro ponto importante é o fato de que no modelo de negócio da Uber a divisão do valor pago decorrente do serviço prestado se dá em média em uma proporção de 80% (oitenta por cento) para o motorista enquanto para a plataforma o percentual é de em média 20% (vinte por cento). Tal situação demonstra que há uma inversão na lógica de lucro se comparado com as empresas tradicionais que contratam empregados,[381] o que corrobora com a ideia de que não se pode considerar uma relação de emprego, aproximando-se assim da lógica da autonomia.

Porém, analisando sob outro foco, os argumentos econômicos alhures podem até ser rebatidos, já que as outras empresas brasileiras tradicionais contratam empregados e precisam arcar com os altos custos que representam a folha de pagamentos dos empregados. Essa situação então, poderia privilegiar a empresa Uber em face das demais e estimularia o desemprego, gerando precarização nas relações de trabalho.

Todavia, entende-se que também deve ser sopesado neste momento o argumento social. Não há dúvidas de que a Uber inaugurou no país uma nova forma de transporte que facilitou a vida de milhares de cidadãos, sejam usuários que aderiram a um novo meio de locomoção ou de motoristas que diante de uma grande crise econômica nacional conseguiram aferir renda por meio de um trabalho digno para sustentar sua família.

Dados divulgados no ano de 2019 demonstram que quase quatro milhões de brasileiros utilizam as plataformas de intermediação de serviço como fonte de renda. Isso significa que as plataformas digi-

[381] ZIPPERER, André Gonçalves. *A intermediação de trabalho via plataformas digitais*: repensando o direito do trabalho a partir das novas realidades do século XXI. São Paulo: LTr, 2019. p. 171.

tais de intermediação de serviço são a "maior empregadora" do país e que caso fossem reunidas em uma única folha de pagamento, esta seria trinta e cinco vezes maior do que a da empresa Correios, que é a maior empregadora brasileira com cento e nove mil empregados.[382]

Assim, acredita-se que do ponto de vista social, o aumento do preço ou a inexistência do serviço prestado pela plataforma Uber ocasionaria um prejuízo para a sociedade em geral, tendo em vista a forte adesão ao serviço pelos brasileiros de diversas classes sociais que utilizam o serviço para variados fins, seja para trabalho, lazer, levar os filhos na escola, etc., ou seja, o brasileiro mudou sua rotina e seus hábitos com a implementação das plataformas digitais de transporte.

Portanto, excluída a hipótese de relação de emprego pela falta dos seus elementos essenciais para sua caracterização, conforme visto no tópico anterior, a teoria de que os motoristas de aplicativos são autônomos ganha força com fundamentos econômicos e sociais e também no âmbito jurídico a partir da decisão do Superior Tribunal de Justiça que já se manifestou seu posicionamento em favor da autonomia.

A Segunda Seção do Superior Tribunal de Justiça ao julgar um conflito de competência[383] envolvendo um processo de um motorista de aplicativo que teve sua conta suspensa pela empresa, entendeu que não há relação de emprego no caso. O Ministro-Relator Moura Ribeiro, destacou que os fundamentos de fato e de direito da causa não correspondem à eventual relação de emprego havida entre as partes, mas sim a contrato firmado com empresa detentora de aplicativo de celular, de cunho eminentemente civil.[384]

Ressaltou o referido Ministro:

> O sistema de transporte privado individual, a partir de provedores de rede de compartilhamento, detém natureza de cunho civil. Nesse processo, os motoristas, executores

---

[382] GAVRAS, Douglas. Aplicativos como Uber e iFood são fonte de renda de quase 4 milhões de autônomos. O *Estado de São Paulo*, São Paulo, 28 abr. 2019. Disponível em: <https://economia.estadao.com.br/noticias/geral,aplicativos-como-uber-e-ifood-sao-fonte-de-renda-de-quase-4-milhoes-de-autonomos,70002807079>. Acesso em: 23 out. 2019.

[383] O motorista propôs a ação perante o juízo estadual solicitando a reativação da sua conta no aplicativo e o ressarcimento de danos materiais e morais. Ao analisar o processo, o juízo estadual entendeu que não era competente para julgar o caso por se tratar de relação trabalhista, e remeteu os autos para a Justiça do Trabalho, a qual também se declarou impedida de julgar a matéria e suscitou o conflito de competência no STJ, sob a alegação de que não ficou caracterizado o vínculo empregatício. Cf. BRASIL. Superior Tribunal de Justiça. *Conflito de Competência n. 164.544-MG*. Relator: Ministro Moura Ribeiro. Julgado em: 28 ago. 2019. Disponível em: <https://ww2.stj.jus.br/processo/revista/documento/mediado/?componente=ITA&sequencial=1857953&num_registro=201900799520&data=20190904&formato=PDF>. Acesso em: 10 out. 2019.

[384] BRASIL. Superior Tribunal de Justiça. *Conflito de Competência n. 164.544-MG*. Relator: Ministro Moura Ribeiro. Julgado em: 28 ago. 2019. Disponível em: <https://ww2.stj.jus.br/processo/revista/documento/mediado/?componente=ITA&sequencial=1857953&num_registro=201900799520&data=20190904&formato=PDF>. Acesso em: 10 out. 2019.

da atividade, atuam como empreendedores individuais, sem vínculo de emprego com a empresa proprietária da plataforma.[385]

A decisão do Superior Tribunal de Justiça datada de 4 de setembro de 2019 foi unânime e parece sinalizar a tendência de entendimento das Cortes Superiores do Judiciário do país ao analisar a questão do reconhecimento ou não do vínculo de emprego dos motoristas de aplicativo.[386]

Além do posicionamento do STJ, o Poder Executivo, por meio do Comitê de Gestão do Simples Nacional, também sinaliza entendimento no sentido de considerar o motorista de aplicativo um trabalhador autônomo ao publicar a Resolução nº 148, de 2 de agosto de 2019, dispondo da possibilidade de inclusão dos motoristas de aplicativo independes na lista de atividades que podem ser classificadas como Microempreendedor Individual (MEI).[387]

Todavia, entende-se que o trabalho autônomo apresenta alguns estranhamentos com a relação de trabalho ora em análise, como por exemplo a precificação das corridas ser determinada exclusivamente pela plataforma de intermediação, além disso, o risco da atividade se constitui em um fator de suma relevância para diferenciar emprego de autonomia, sendo que ele pode se manifestar na situação em que a má gestão da empresa pode afetar o trabalhador. Neste contexto, o risco (se considerado no sentido da inadimplência) no caso dos motoristas de aplicativo é mitigado, pois é garantido pelo sistema de pagamento da plataforma, o que significa que não há uma completa assunção do risco por parte do motorista.[388]

Por fim, apesar de alguns doutrinadores[389] e das decisões judiciais neste tópico elencadas envolverem apenas o binômio relação de emprego x autônomo, tem-se suscitado uma chamada "terceira via", que

---

[385] BRASIL. Superior Tribunal de Justiça. *Conflito de Competência n. 164.544-MG*. Relator: Ministro Moura Ribeiro. Julgado em: 28 ago. 2019. Disponível em: <https://ww2.stj.jus.br/processo/revista/documento/mediado/?componente=ITA&sequencial=1857953&num_registro=201900799520&data=20190904&formato=PDF>. Acesso em: 10 out. 2019.

[386] No caso concreto, por se tratar de discussão de conflito de competência entre dois Tribunais, o julgamento compete ao Superior Tribunal de Justiça, conforme 105, alínea *d*, da Constituição Federal.

[387] BRASIL. Resolução n. 148, de 2 de agosto de 2019. *Diário Oficial da União*, Brasília, n. 152, seção 1, p. 305, 08 ago. 2019. Disponível em: <http://www.in.gov.br/web/dou/-/resolucao-n-148-de-2-de-agosto-de-2019-209517410>. Acesso em: 23 de jan. 2020.

[388] ZIPPERER, André Gonçalves. *A intermediação de trabalho via plataformas digitais*: repensando o direito do trabalho a partir das novas realidades do século XXI. São Paulo: LTr, 2019. p. 187.

[389] Cita-se como referência: BARBOSA JR., Francisco de Assis. *Gig economy e contrato de emprego*: aplicabilidade da legislação trabalhista aos vínculos de trabalho da nova economia. São Paulo: LTr, 2019; RODRIGUES, Bruno Alves. A relação de emprego no serviço de transporte de passageiros ofertado por intermédio de plataforma eletrônica. *In:* LEME, Carolina Reis Paes; RODRIGUES, Bruno Alves; CHAVES JR., José Eduardo de Resende (Coord.). *Tecnologias disruptivas e a exploração do trabalho humano*. São Paulo: LTr, 2017. p. 209-219.

defende a ideia de que o labor envolvendo as plataformas digitais é algo novo e como tal merece ser tratado, não devendo ser enquadrado em categorias já existentes e que foram criadas em um contexto social diverso e pensadas para forma de trabalhos diferente, seria o que Robert Sprague[390] definiu como uma tarefa de tentar encaixar pregos quadrados em furos redondos.

4.3. A relação híbrida que envolve o trabalho dos motoristas de aplicativo

O avanço tecnológico, em especial a internet, ocasionou uma transformação no mercado de trabalho, permitindo que novos modelos de negócios surgissem como é o caso dos aplicativos de motoristas. Esse novo modelo conta com a internet para tornar a transferência de informações mais baratas e eficientes, e com isso, reduzir os custos de transação de forma mais veloz do que a tecnologia nas empresas tradicionais.[391]

Além disso, segundo Pedro Videla,[392] outras duas mudanças decorrentes das novas tecnologias assumem grande relevância na forma como as pessoas cooperam. A primeira delas é que o tamanho ótimo de uma empresa mudou drasticamente, sendo que várias atividades saíram de dentro da indústria e foram terceirizadas. A segunda mudança diz respeito à rentabilidade do uso de recursos ociosos, como por exemplo os carros não utilizados (Uber) e quartos vazios (Airbnb).

Assim, diante de uma nova realidade, acredita-se que cabe ao Direito do Trabalho dar proteção aos novos tipos de trabalhadores considerando a realidade destes que se distinguem dos institutos já existentes no ordenamento jurídico, conforme visto nos tópicos anteriores. Neste sentido, refere Alice Monteiro de Barros[393] que a dicotomia entre trabalho subordinado e o autônomo já exauriu a sua função histórica e as atuais transformações dos fenômenos produtivos suplicam ao Direito do Trabalho uma resposta a esta nova realidade.

---

[390] SPRAGUE, Robert. *Worker (Mis)Classification in the Sharing Economy: Trying to Fit Square Pegs in Round Holes*. Disponível em: <https://papers.ssrn.com/sol3/papers.cfm?abstract_id=2606600>. Acesso em: 10 out. 2019.

[391] ZIPPERER, André Gonçalves. *A intermediação de trabalho via plataformas digitais*: repensando o direito do trabalho a partir das novas realidades do século XXI. São Paulo: LTr, 2019. p. 97.

[392] VIDELA, Pedro. A revolução da economia colaborativa. *Revista Exame*, v. 50, n. 2, p. 90, fev. 2016. Disponível em: <https://exame.abril.com.br/revista-exame/a-revolucao-da-economia-colaborativa/>. Acesso em: 10 out. 2019.

[393] BARROS, Alice Monteiro de. Considerações gerais sobre o trabalho do vendedor-viajante e pracista. *Revista do Tribunal Superior do Trabalho*, Brasília, v. 67, n. 4, p. 158-170, out./dez. 2001.

Para tanto, necessário delimitar quem são esses novos trabalhadores, relembrando que o objeto desta pesquisa se situa apenas nos serviços prestados pelos motoristas de aplicativo. Assim, conforme ensinamentos de Zipperer, é possível observar que este modelo de negócio apresenta quatro pressupostos caracterizadores:

- Relação triangular *on-line* entre a empresa da plataforma, o trabalhador da multidão e usuários do serviço;

- Conexão direta entre o requerente comprador do serviço e o trabalhador de forma *on-line* via plataforma digital que é o sistema de conexão entre eles;

- Prestação de labor humano e individual;

- Descontinuidade das relações promovidas pela plataforma, sendo elas curtas e limitadas ao período da atividade avençada.

Portanto, esses são os pressupostos que levam ao conceito jurídico definidor de um trabalhador da plataforma digital da modalidade *crowdworker*,[394] na qual estão inseridos os motoristas de aplicativos:

> [...] aquele trabalhador pessoa física, inserido em uma multidão produtora, conectada a uma mesma plataforma virtual, que presta serviços individuais para diferentes requerentes, de forma inteiramente virtual ou com contato pessoal, de natureza onerosa, descontínua e limitada ao período da atividade, em uma relação triangular intermediada de forma *on-line* por esta plataforma.[395]

A estes trabalhadores acredita-se que deve ser dada proteção pelo Direito do Trabalho de forma diferenciada das demais modalidades de trabalhadores, exatamente por carregarem em seu bojo algumas particularidades e também características tanto de uma relação de emprego como também de um trabalho autônomo, e por isso trata-se de uma relação híbrida.

Ressalta-se que a definição dos critérios da nova figura jurídica aqui proposta é de suma importância para que não se insira nesta categoria trabalhadores de plataformas que funcionam como empresas tradicionais, ou seja, empresas que apenas deslocam a relação do ambiente físico para o virtual, por isso, ponto importante é que a plataforma funcione apenas como meio de conexão entre usuário e prestador de serviço.[396]

Assim, no sentido de entender insuficiente os modelos tradicionais para enquadrar as novas realidades de trabalho, Monereo Pérez[397]

---

394 ZIPPERER, André Gonçalves. *A intermediação de trabalho via plataformas digitais*: repensando o direito do trabalho a partir das novas realidades do século XXI. São Paulo: LTr, 2019. p. 153.

395 Idem, p. 159.

396 Idem, p. 154-155.

397 MONEREO PÉREZ, José Luis. Transformaciones del trabajo y futuro del derecho de trabajo en la "era de la flexibilidad". *Revista Derecho del Trabajo*, Montevideo, n. 10, jan./mar. 201. p. 47-48.

aconselha que "*se ponga en práctica una opción política legislativa más expansiva del ámbito de aplicación del Derecho del Trabajo*"[398] e propõe que seja feita uma valoração de opção política do Direito, existindo um chamado "círculo interno" onde estariam localizados os trabalhadores subordinados destinatários da proteção tradicional e um "círculo externo", onde se localizaria outros estatutos profissionais com tutela diferenciada para trabalhadores não subordinados, sendo que neste último se localizaria os motoristas de aplicativo.

Partilha-se do ensinamento de Delgue[399] ao sustentar que ao se admitir a existência de sistemas diferentes de organização de trabalho, deve-se produzir normas que levem em consideração essa diversidade, pois "*Ignorar el fenómeno, significaría –como ha acontecido hasta el presente– legislar solo para los trabajadores del primer círculo, los privilegiados (y cada vez menos numerosos) trabajadores típicos*".[400]

Por sua vez, Todolí Signes[401] defende a criação de uma relação laboral especial a partir de uma normativa que permita a evolução da nova economia, devendo se adaptar os preceitos legislativos que são incompatíveis com o novo modelo de negócio à realidade e singularidade da nova indústria.

Além dos estudos mais recentes referidos acima, Alain Supiot foi o coordenador a pedido da Comissão Europeia dos estudos denominados "Relatório Supiot", entregues em 1998, cujo objetivo era desenvolver uma pesquisa sobre o futuro das categorias jurídicas do trabalho e o Direito do Trabalho na União Europeia através de uma perspectiva transdisciplinar.[402]

Em seu artigo sobre a pesquisa, Supiot refere que as novas configurações de poder (já identificado no final do século passado), assim como os novos equilíbrios entre autonomia e proteção nas relações de trabalho podem se revestir de formas diversas e, portanto, requerem respostas jurídicas igualmente diferentes, então refere:

---

[398] Tradução livre: "se ponha em prática uma opção política legislativa mais expansiva do âmbito de aplicação do Direito do Trabalho".

[399] DELGUE, Juan Raso. La economía virtual: nuevos retos para el derecho del trabajo. *Revista Derecho Laboral*, Montevideo, t. LIX, n. 262, abr./jun. 2016. p. 269.

[400] Tradução livre: "Ignorar o fenômeno significaria – como tem acontecido até o presente – legislar somente para os trabalhadores do primeiro círculo, os privilegiados (e cada vez menos numerosos) trabalhadores típicos".

[401] SIGNES, Todolí. *El contrato de trabajo en el S. XXI*: La economía colaborativa, On-demand economy, Crowdsorcing, Uber economy y otras formas de descentralización productiva que atomizan el mercado de trabajo. Disponível em: <https://ssrn.com/abstract=2705402>. Acesso em: 13 set. 2019.

[402] SUPIOT, Alain. Transformaciones del trabajo y porvenir del derecho laboral en Europa. *Revista Internacional del Trabajo*, v. 118, n. 1, p. 35-50. Disponível em: <https://onlinelibrary.wiley.com/doi/epdf/10.1111/j.1564-913X.1999.tb00051.x>. Acesso em: 04 nov. 2019.

Entre los trabajadores realmente subordinados y los empresarios realmente independientes está apareciendo una tercera categoría: la de unos trabajadores que son jurídicamente independientes o autónomos, pero económicamente dependientes". [403] [404]

Dessarte, averiguada tanto a desestabilização das relações de trabalho em decorrência da transformação do capital quanto em decorrência da mudança do próprio trabalho, os estudos de Supiot e seus pesquisadores apresentaram algumas estratégias, sendo que uma delas sugere a reinstitucionalização da relação de trabalho, ou seja, uma redefinição das regras. Assim, o empregado subordinado e protegido pela relação de emprego poderia ser seguido por um novo tipo de classificação do trabalho baseado em uma forma mais abrangente, com capacidade para abarcar a necessidade de liberdade e de segurança.[405]

Assim, a partir das bases teóricas acima referidas e dos fundamentos já expostos, a presente pesquisa conclui que os motoristas de aplicativo não se enquadram na categoria de empregados e também são estranhos à categoria dos autônomos e ao se situarem neste limbo jurídico correm o risco de ficarem sem qualquer tipo de proteção e é com base neste fundamento que em 2006 nos Estados Unidos foi lançado o Projeto Hamilton, uma iniciativa de política econômica na *Brookings Instituition* (organização não governamental norte-americana dedicada a pesquisas que buscam resolver os problemas da sociedade) e que conta com a participação de líderes como Milton Friedman (economista da Escola de Chicago), empresários e formuladores de políticas públicas.[406]

Dentre as pesquisas divulgadas pela instituição encontra-se o projeto de modernização das leis trabalhistas proposto por Seth D. Harris (Universidade de Cornell) e Alan B. Krueger (Universidade de Pinceton) cuja ideia principal é a criação da figura híbrida do "trabalhador independente", levando em consideração os trabalhadores da *gig economy* (*on-line* e *off-line*).[407]

---

403 Tradução livre: "Entre os trabalhadores realmente subordinados e os empregadores realmente independentes, aparece uma terceira categoria: a dos trabalhadores legalmente independentes ou autônomos, mas economicamente dependentes".

404 SUPIOT, Alain. Transformaciones del trabajo y porvenir del derecho laboral en Europa. *Revista Internacional del Trabajo*, v. 118, n. 1, p. 35-50. Disponível em: <https://onlinelibrary.wiley.com/doi/epdf/10.1111/j.1564-913X.1999.tb00051.x>. Acesso em: 04 nov. 2019.

405 Idem.

406 THE HAMILTON PROJECT. Disponível em: <https://www.brookings.edu/>. Acesso em: 4 nov. 2019.

407 HARRIS, Seth D.; KRUEGER, Alan B. *A proposal for modernizing labor laws for twenty-first century work*: the "independent worker". Washington, DC: The Hamilton Project, Dec. 2015. Disponível em: <https://www.hamiltonproject.org/papers/modernizing_labor_laws_for_twenty_first_century_work_independent_worker>. Acesso em: 4 nov. 2019.

Além do risco de exclusão de qualquer proteção já referido, os autores referem que a existência de longas demandas judiciais para resolução de conflitos envolvendo trabalhadores da *gig economy* e empresas de plataformas digitais, onde se discute a existência ou não de vínculo de emprego, acaba gerando insegurança para as duas partes, além dos custos que decorrem dos litígios.[408]

Então, a proposta de Harris e Krueger ao defender a criação da categoria "trabalhadores independentes" é de estender a estes trabalhadores alguns benefícios e proteções que os empregados recebem, incluindo a liberdade de organizar e negociar coletivamente, proteções de direitos civis, retenção de impostos e contribuições do empregador para impostos sobre os salários. Também referem que por ser conceitualmente impossível atribuir as horas de trabalho do trabalhador a um único intermediário, os trabalhadores independentes não se qualificariam para benefícios baseados em horas, incluindo horas extras ou requisitos de salário mínimo.[409]

Além disso, os trabalhadores não seriam cobertos pelo programa de seguro-desemprego ou seriam obrigados a contribuir com impostos para financiar esse programa. No entanto, as plataformas intermediárias teriam permissão para reunir trabalhadores independentes para fins de compra e fornecimento de seguros e outros benefícios a um custo menor e maior qualidade, sem o risco de que seu relacionamento seja transformado em um relacionamento de emprego.[410]

Veja-se que a proposta dos autores americanos supracitados vai ao encontro com o ordenamento espanhol e italiano ao criarem figuras intermediárias para as relações de trabalho, conforme apresentado no capítulo anterior, e que parecem representar a tendência de legislação mais adequada à realidade contemporânea.

Neste sentido, gize-se que há a necessidade de uma adaptação legal capaz de contemplar esta modalidade de trabalhadores, uma "terceira via", que seja capaz de viabilizar o modelo de negócio e também dar uma proteção básica ao trabalhador de acordo com a atividade desempenhada.

Desta forma, quando se identifica uma situação de incompatibilidade com a legislação, é possível a eleição de norma expressa que atenda tal especificidade, sem que seja necessário alterar as demais

---

408 HARRIS, Seth D.; KRUEGER, Alan B. *A proposal for modernizing labor laws for twenty-first century work*: the "independent worker". Washington, DC: The Hamilton Project, Dec. 2015. Disponível em: <https://www.hamiltonproject.org/papers/modernizing_labor_laws_for_twenty_first_century_work_independent_worker>. Acesso em: 4 nov. 2019.

409 Idem.

410 Idem.

características mantidas do sistema jurídico, como por exemplo, a norma criada ao exercente de cargo de confiança que se encontra excluído do regime de controle de jornada e o caso do empregado hiperssuficiente que tem a possibilidade de livre estipulação dos moldes de sua contratação.[411]

Percebe-se que não seria a primeira vez que o legislador teria de dar um tratamento especial a dada situação diferenciada, pois quando se trata de profissões que são caracterizadas por um conjunto de particularidades que não se inserem no ordenamento jurídico, são criadas regulamentações próprias a título de exceção, tal como foi feito com os bancários, professores, ferroviários, etc.

Neste sentido, com o intuito de dar maior robustez ao argumento de que é possível e até mesmo necessário tratar modalidades de trabalho específicas com regramento diferenciado faz-se uma analogia com o caso da Lei nº 13.352 de 2016, conhecida como a "Lei do Salão Parceiro", que dispõe sobre a possibilidade de contrato de parceria entre os profissionais que exercem as atividades de cabeleireiro, barbeiro, esteticista, manicure, pedicure, depilador e maquiador e pessoas jurídicas registradas como salão de beleza.

Tal lei regulou uma prática comum em que os profissionais acima referidos prestavam serviços em salões de beleza sem qualquer tipo de contrato e recebiam conforme os serviços realizados, sendo que uma parte do valor seria repassado ao salão de beleza pela utilização do espaço. Este tipo de relação por vezes resultava em reclamatória trabalhista, na qual havia o pedido de reconhecimento de vínculo de emprego entre o profissional e salão de beleza.

Sem adentrar no mérito de que a relação existente trata-se ou não de emprego, a verdade é que este tipo de demanda gera insegurança jurídica e acaba sendo negativo para ambas as partes, pois se o proprietário do salão de beleza tem receio de demandas trabalhistas vai optar por permitir que um número menor de profissionais utilize o espaço para fazer os atendimentos, reduzindo assim os seus riscos, ou então, vai analisar a viabilidade da empresa contratar profissionais com vínculo empregatício, e consequentemente, um número menor de pessoas terá acesso ao trabalho.

Assim, diante da averiguação de que a situação merecia um tratamento especial o legislador regulamentou que seria possível a celebração de um contrato de natureza civil entre as partes, sem que haja vínculo de emprego. Desta forma, os trabalhadores dos salões de beleza poderão exercer sua atividade como empresários, microempresários

---

411 ZIPPERER, André Gonçalves. *A intermediação de trabalho via plataformas digitais*: repensando o direito do trabalho a partir das novas realidades do século XXI. São Paulo: LTr, 2019. p. 161.

ou microempreendedores individuais – MEI (artigo 1°, § 7°, da Lei n° 13.352/2016) – o que contribui para a redução de tributos, já que esta modalidade de contrato desobriga as empresas de arcar com encargos como 13° salário, pagamento da contribuição previdenciária e FGTS. Já para o profissional parceiro, esse modelo de contratação oferece mais segurança, uma vez que poderá acordar com o salão parceiro as condições de trabalho, além de ser possível a adesão ao MEI, possibilitando ao trabalhador ter acesso a benefícios como aposentadoria, auxílios doença e maternidade com pagamento de contribuição previdenciária com alíquota reduzida (de 5%, conforme artigo 21, § 2°, inciso II, da Lei n° 8.212/1991).

Percebe-se que o objetivo da legislação foi formalizar a atividade que conta com cerca de 100 (cem) mil empresas em atividade no setor,[412] trazendo mais segurança jurídica para a relação e permitindo que os profissionais sejam beneficiados com a filiação à Previdência Social de forma menos onerosa. Além do mais, a Lei do Salão Parceiro prevê algumas cláusulas que são obrigatórias no contrato de parceria,[413] sendo que em caso de inobservância dos dispositivos legais poderá a relação ser considerada um vínculo empregatício.

Dessa feita, a criação de norma específica para dada atividade, tal como a Lei do Salão Parceiro, parece ser também ser adequada ao caso dos motoristas de aplicativo, e ponto importante é o fato de que em ambos os casos se verifica prestadores de serviços com um "grau de hipossuficiência" em relação à empresa muito semelhante e isso parece afastar a ideia de que o motorista de aplicativo deveria ser considerado empregado sob o argumento de que não teria condições equânimes para discutir os termos do contrato com a empresa, afinal, se para o profissional do salão de beleza foi reconhecida esta condição, por analogia, plenamente aplicável também ao motorista de aplicativo.

---

[412] BUENO, Jeferson Reis. *Lei do salão parceiro*: o que é e quais as mudanças para os profissionais. Florianópolis, 2018. Disponível em: <https://blog.sebrae-sc.com.br/lei-do-salao-parceiro/>. Acesso em: 6 nov. 2019.

[413] Art. 1°-A [...] § 10. São cláusulas obrigatórias do contrato de parceria, de que trata esta Lei, as que estabeleçam: I – percentual das retenções pelo salão-parceiro dos valores recebidos por cada serviço prestado pelo profissional-parceiro; II – obrigação, por parte do salão-parceiro , de retenção e de recolhimento dos tributos e contribuições sociais e previdenciárias devidos pelo profissional-parceiro em decorrência da atividade deste na parceria; III – condições e periodicidade do pagamento do profissional-parceiro, por tipo de serviço oferecido; IV – direitos do profissional-parceiro quanto ao uso de bens materiais necessários ao desempenho das atividades profissionais, bem como sobre o acesso e circulação nas dependências do estabelecimento; V – possibilidade de rescisão unilateral do contrato, no caso de não subsistir interesse na sua continuidade, mediante aviso prévio de, no mínimo, trinta dias; VI – responsabilidades de ambas as partes com a manutenção e higiene de materiais e equipamentos, das condições de funcionamento do negócio e do bom atendimento dos clientes; VII – obrigação, por parte do profissional-parceiro, de manutenção da regularidade de sua inscrição perante as autoridades fazendárias.

À vista disso, considerando existir entre o motorista e a plataforma uma relação de trabalho (enquanto gênero), defende-se a ideia de que o seu contrato formalizador esteja sob a égide da Justiça do Trabalho, tendo em vista que o artigo 114, incisos I e IX , da CF, dispõem que compete a esta Justiça Especializada processar e julgar as ações decorrentes das "relações de trabalho", e não apenas das "relações de emprego".

Ressalta-se que a abertura da abrangência da Justiça Laboral (decorrente da Emenda Constitucional nº 45/2004) permite que diversas relações de trabalhos se enquadrem em sua competência de julgamento, o que proporciona que esta não se torne obsoleta e restrita a um número ínfimo de empregados, afinal, como mostram as pesquisas referidas no capítulo anterior, cada vez menos trabalhadores são empregados, mas sim, são trabalhadores que exercem alguma relação de trabalho diversa.

Ainda, além da verificação de condição para estabelecer um contrato para além do contrato de emprego, reforça-se a ideia de que no caso do motorista de aplicativo é evidente que por ser um trabalhador que escolhe livremente a sua jornada de trabalho e a forma como irá trabalhar se verifica um modelo de negócio incompatível com os regulamentos referentes a jornada, horas extras, descasos remunerados, férias, etc.

Da mesma forma, o fato de a permissão para trabalhar na plataforma depender da avaliação dos usuários do serviço, e não de uma decisão do "empregador" como nas relações de emprego, se mostra incompatível com o instituto da equiparação salarial e isonomia. Por outro lado, a definição de precificação da viagem pela plataforma, por exemplo, se mostra incompatível com o trabalho autônomo, justamente porque o modelo de negócio não permite o encaixe na legislação vigente.[414]

Registra-se que não se busca a criação de uma categoria de trabalho específica para atender os anseios empresariais, mas sim, que seja possível a fruição de direitos pelo trabalhador, de forma compatível com o trabalho desempenhado e que permita a continuidade da atividade empresarial, de forma que atenda de forma equânime o direito ao trabalho e a livre iniciativa previstos no texto constitucional.

Dessarte, defende-se a criação de uma legislação híbrida de forma que seja possível estender aos motoristas de aplicativos algumas proteções compatíveis com a atividade que exercem (com flexibilidade, autonomia, assumindo os riscos do negócio, etc.) especialmente no que

[414] ZIPPERER, André Gonçalves. *A intermediação de trabalho via plataformas digitais*: repensando o direito do trabalho a partir das novas realidades do século XXI. São Paulo: LTr, 2019. p. 162.

diz respeito à redução de alíquota de contribuição da Previdência Social, além de levar em consideração características econômicas do modelo de negócios, ou seja, a proteção não pode ser a tal ponto onerosa que inviabilize o negócio, fazendo com que este não tenha lucro.

Ademais, importante atentar que por se tratar de relação de trabalho estreitamente ligada a meios tecnológicos não se pode haver a sua regulação de forma que engesse a atividade ou que torne a lei enfraquecida frente aos novos avanços da tecnologia. Para tanto, pensa-se ser adequado uma regulação de forma mínima, assim, o Estado estaria cumprindo o seu papel de trazer maior segurança jurídica para a relação estimulando tanto a livre iniciativa como a promoção do trabalho digno.

5. Conclusão

O avanço das tecnologias influencia na velocidade das mutações da sociedade e na forma de reorganização do modo produtivo. O surgimento das plataformas digitais de intermediação que tomam a economia do compartilhamento como modelo de negócio apresentam potencialidade para gerar uma grande transformação na forma com o trabalho é prestado.

A sociedade aderiu em grande escala a utilização das plataformas digitais de intermediação, fazendo com que o mercado de trabalho se adequasse a esta nova demanda e rompesse com paradigmas laborais tradicionais, sendo possível verificar, então: a fragmentação das atividades, facilitação da prestação remota de serviços, redução das barreiras entre o trabalho e os ambientes domésticos, diminuição das fronteiras físicas geográficas entre trabalhadores de diferentes lugares do mundo, etc.

Dentre os propulsores tecnológicos que impactam no modo de produção e no próprio trabalho está a *gig economy* ("economia dos bicos"), que permite ofertar uma atividade tradicional, antes exercida por um trabalhador, para um grupo de pessoas indefinido, sob a forma de chamada aberta.

Inserida no contexto da *gig economy* estão as plataformas digitais de intermediação de serviço de transporte particular, sendo o objetivo da presente pesquisa a análise da natureza jurídica da relação entre o motorista e a plataforma de intermediação.

Diante do objetivo proposto, primeiramente, destacou-se que a Constituição brasileira de 1988 consagra dentre seus princípios fundamentais norteadores o valor social do trabalho e a livre iniciativa (art. 1ª, inciso IV, CF). Ainda, que a ideologia adotada na política pública econômica nacional está consagrada nestes mesmos fundamentos (conforme previsão do artigo 170, CF).

Assim, diante da interpretação dos referidos dispositivos, conclui-se que há a necessidade de consenso entre trabalho e capital. Entende-se que melhorias nas condições laborais não devem ser feitas às custas do princípio econômico de desempenho e produtividade, de forma que elas não podem anular o funcionamento do sistema capitalista, bem como não se pode, em prol da economia, abandonar a dignidade da pessoa humana do trabalhador e a valorização do seu trabalho para a sociedade.

Desta feita, tal constatação permite dizer que as intervenções estatais nas relações de trabalho devem estar baseadas nos fundamentos acima referidos, ou seja, considerando tanto o âmbito social quanto o econômico, sendo esta visão imprescindível em momentos de reorganização do mercado de trabalho, como acontece atualmente, pois é capaz de expressar o bom-senso e de permitir o equilíbrio necessário à vida em sociedade.

Em prosseguimento, a partir da análise de dados apresentada no segundo capítulo desta dissertação, conclui-se que o mercado de trabalho brasileiro passou por um período de formalização das relações laborais (1940-1970) e desde então, a relação de emprego vem perdendo força, ao contrário das demais modalidades de trabalho que estão em ascensão. Tal movimentação leva a crer que as normas reguladoras do emprego não estão em sintonia com o mercado de trabalho, seja porque o país não tem riqueza suficiente para gerar empregos nos moldes legais (em razão dos pesados encargos trabalhistas), seja porque as relações laborais advindas dos avanços tecnológicos encontram dificuldades de se enquadrar em um modelo de trabalho pensado para o século passado (emprego).

Assim, considerando que o direito do trabalho se preocupa em dar proteção àqueles que são empregados e que cada vez menos pessoas são contratadas nesta modalidade, conclui-se que esta ciência se encontra em um momento de crise. Todavia, ressalta-se que o termo "crise" está sendo utilizado com a finalidade de demonstrar a necessidade de revisitação do Direito do Trabalho.

Desta feita, defende-se que a referida revisitação se dê no sentido de flexibilização das relações trabalhistas, justificada pelos fenômenos da globalização e da revolução tecnológica que clama por uma adequação das regras, com o fito de que haja maior afinidade entre economia, sociedade e Direito do Trabalho, sob pena deste perder o seu verdadeiro sentido que é proteger.

Após a constatação do cenário de crise na seara laboral, tentou-se enquadrar a relação entre motorista e plataforma de intermediação nos moldes da relação de emprego e se percebeu que não se encontram presentes todos os elementos necessários para tanto (previstos no artigo 3º da CLT), estando ausente especialmente os elementos da não eventualidade (pois o motorista tem liberdade para auto-organizar a sua jornada laboral) e da subordinação.

Quanto à subordinação, entende-se que se trata de uma limitação à autonomia do empregado, que se consagra na medida em que a execução dos serviços se pauta pelas normas que são traçadas pelo empregador. A partir desta visão clássica da subordinação, conclui-se que este elemento não está presente na relação entre motorista e plataforma de intermediação, pois, como visto, há uma ampla autonomia no que diz respeito à execução do serviço, já que o motorista define a sua jornada de trabalho, período de férias, intervalos, etc.

Ainda, refutam-se as teorias expansionistas do conceito de subordinação, em especial a subordinação estrutural, que defende ser empregado aquele trabalhador inserido na dinâmica empresarial, independente de receber ou não suas ordens diretas, bastando a integração na sua estrutura, dinâmica de funcionamento e organização.

Tal teoria tem a nítida intenção de trazer para dentro da relação de emprego as novas formas de prestação de labor, sob a justificativa de dar proteção para às contemporâneas modalidades de trabalho. Todavia, como visto, este não é o caminho pelo qual trilham o mercado de trabalho e a sociedade, pois, a subordinação estrutural proporciona a existência de um só modelo contratual (emprego), contrariando uma tendência de nível mundial de flexibilização das relações, tais como se verificou a partir de exemplos dos ordenamentos italiano e espanhol (que frequentemente servem de inspiração para a legislação brasileira).

Assim, conclui-se que ao se admitir a subordinação estrutural se estaria violando o princípio da livre iniciativa, já que haveria uma mitigação da liberdade de atuar e de participar do mercado em virtude dos óbices da intervenção estatal. Ainda, estar-se-ia ignorando o fenômeno da globalização, negando as realidades heterogêneas de trabalhos existentes na modernidade e tentando frear inutilmente os avanços tecnológicos.

Nesta senda, após a verificação de falta de presença concomitantemente de todos os elementos necessários para a configuração da relação de emprego, refuta-se a primeira hipótese proposta nesta pesquisa.

No que diz respeito ao enquadramento da relação entre motorista de aplicativo e a plataforma digital de intermediação como uma espécie de contrato autônomo, entende-se que há alguns pontos de estranhamento ou até mesmo de incompatibilidade com o instituto, afinal, o motorista não tem liberdade para precificar o seu trabalho, já que o valor das viagens e percentuais que ele irá receber são determinados exclusivamente pela empresa da plataforma de intermediação.

Além disso, o risco da atividade se constitui em um fator de indício para diferenciar emprego de autonomia, sendo que ele pode-se manifestar na situação em que a má gestão da empresa pode afetar o trabalhador. No caso dos motoristas de aplicativo, o risco (se considerado no sentido da inadimplência) é mitigado, pois o pagamento da corrida é garantido pelo sistema da plataforma, ou seja, não há uma completa assunção do risco por parte do motorista. Desta forma, conclui-se pela refutação da segunda hipótese proposta nesta pesquisa, por se entender que a relação em análise não se enquadra de forma plena na espécie de trabalho autônomo.

Em continuidade, verifica-se uma insuficiência de espécies de contratos de labor tradicionais para enquadrar essa nova realidade de trabalho que é o caso dos motoristas de aplicativo. Diante deste cenário, conclui-se que a relação em análise possui uma natureza "híbrida", que possui traços tanto da relação de emprego como do trabalho autônomo, porém, sem se encaixar em nenhuma delas.

Neste sentido, entende-se necessário que a legislação brasileira dê aos trabalhadores da modalidade "híbrida" (motoristas de aplicativo) algum tipo de proteção que se adeque à sua necessidade e à sua realidade de trabalho e que leve em consideração as características econômicas do modelo de negócio, ou seja, que não estabeleça proteção para uma parte (motoristas) que seja capaz de inviabilizar o negócio por ausência de lucro.

Ademais, torna-se plausível que a regulação da atividade de motorista de aplicativo considere que se trata de um labor que faz uso direto de meios tecnológicos, e, portanto, deve-se dar de forma mínima, estabelecendo apenas diretrizes básicas, sob pena de se tornar obsoleta em pouco tempo, tendo em vista a velocidade que avança a tecnologia.

Ainda, defende-se que a modalidade de contrato de trabalho híbrido proposto para os motoristas de aplicativo esteja sob égide da Justiça do Trabalho, considerando que esta possui competência para julgar as relações de trabalho em sentido amplo (art. 114, incisos I e IX, da CF), a fim de garantir proteção às espécies de trabalho já existente no ordenamento pátrio bem como às que irão surgir em decorrência da evolução tecnológica.

Em suma, conclui-se que a natureza jurídica na relação entre motoristas e plataformas digitais de intermediação é híbrida, tratando-se de um modelo de negócio novo, que não encontra enquadramento nos moldes do ordenamento pátrio. Sendo assim, para que seja alcançada proteção aos trabalhadores que se encontram nessa situação, necessária uma adequação do Direito do Trabalho, no sentido de permitir uma flexibilização das suas normas através do reconhecimento de nova espécie de contrato de trabalho.

Referências

"99". Disponível em: <https://99app.com>. Acesso em: 08 out. 2019.

AIRBNB. Disponível em: <https://www.airbnb.com.br>. Acesso em: 08 out. 2019.

ALEXY, Robert. *Teoria dos direitos fundamentais*. 5. ed. Tradução de Virgílio Afonso da Silva. São Paulo: Malheiros, 2008.

ANTUNES, Ricardo. *Os sentidos do trabalho*: ensaio sobre a afirmação e a negação do trabalho. São Paulo: Boitempo, 2003.

APILLUELO MARTÍN, Margarita. *Los derechos sociales del trabajador autónomo*: especialmente del pequeno e del dependiente. Valencia: Tirant lo Blanch, 2006.

APP de caronas sensação nos EUA, Uber chega a São Paulo. *G1*, 2014. Disponível em: <http://g1.globo.com/tecnologia/tem-um-aplicativo/noticia/2014/06/app-de-caronas-sensacao-nos-eua-uber-chega-sao-paulo.html>. Acesso em: 08 out. 2019.

AZEVEDO, André Jobim. Relações contemporâneas de trabalho: observações. *In:* FREDIANI, Yone (Coord.). *A valorização do trabalho autônomo e a livre-iniciativa*. Porte Alegre: Magister, 2015. p. 37-50.

BARBOSA JR., Francisco de Assis. *Gig economy e contrato de emprego*: aplicabilidade da legislação trabalhista aos vínculos de trabalho da nova economia. São Paulo: LTr, 2019.

BARROS, Alice Monteiro de. *Curso de direito do trabalho*. 5. ed. São Paulo: LTr, 2009.

——. Considerações gerais sobre o trabalho do vendedor-viajante e pracista. *Revista do Tribunal Superior do Trabalho*, Brasília, v. 67, n. 4, p. 158-170, out./dez. 2001.

BARROS, Cassio de Mesquita. Passado, presente e futuro do Direito do Trabalho. *Revista de Direito do Trabalho*, v. 110, p. 30-45, abr./jun. 2003.

BARROSO, Luís Roberto. A ordem econômica constitucional e os limites à atuação estatal no controle de preços. *Revista de Direito Administrativo*, Rio de Janeiro, v. 226, p. 187-212, out. 2001. ISSN 2238-5177. Disponível em: <http://bibliotecadigital.fgv.br/ojs/index.php/rda/article/view/47240>. Acesso em: 11 abr. 2019.

——. *Estado e livre iniciativa na experiência constitucional brasileira*. [*S.l.*], 2014. Disponível em: <http://www.luisrobertobarroso.com.br/wp-content/uploads/2014/04/Estado-e-Livre-iniciativa_versao-final_11abr2014.pdf>. Acesso em: 13 abr. 2019.

BASTOS, Celso Ribeiro. *Curso de direito constitucional*. São Paulo: Saraiva, 1998.

BAUWENS, Michel. Peer to peer and human Evolution. *Integral Visioning*, v. 15, 2005.

BENKLER, Yochai. *The wealth of networks*: how social productions transforms markets and freedom. New Haven: Yale University Press, 2006.

BETTENCOURT, Pedro Ortins de. As novas ameaças ao direito do trabalho. *In:* MOREIRA, António. *V Congresso Nacional de Direito do Trabalho*: memórias. Coimbra: Almedina, 2003.

BONAVIDES, Paulo. *Curso de direito constitucional*. 13. ed. São Paulo: Malheiros, 2003.

BOOKMYBAI. Disponível em: <https://www.bookmybai.com/>. Acesso em: 18 set. 2019.

BORJAS, George J. *Economia do trabalho*. Tradução de R. Bryan Taylor; Revisão Técnica de Giácomo Balbinotto Neto. 5. ed. Porto Alegre: AMGH, 2012.

BOTSMAN, Rachel; ROGERS, Roo. *What is mine is yours*: how collaborative consumption is changing the way we live. London: Colins, 2011.

BRASIL. Constituição (1824). *Constituição Politica do Imperio do Brazil de 1824*. Disponível em: <http://www.planalto.gov.br/ccivil_03/Constituicao/Constituicao24.htm>. Acesso em: 23 mar. 2019.

——. Constituição (1934). *Constituição da República dos Estados Unidos Do Brasil*. Disponível em: <http://www.planalto.gov.br/ccivil_03/constituicao/Constituicao34.htm>. Acesso em: 23 mar. 2019.

——. Constituição (1937). *Constituição dos Estados Unidos do Brasil*. Disponível em: <http://www.planalto.gov.br/ccivil_03/constituicao/constituicao37.htm>. Acesso em: 23 mar. 2019.

——. Constituição (1946). *Constituição dos Estados Unidos do Brasil*. Disponível em: <http://www.planalto.gov.br/ccivil_03/constituicao/constituicao46.htm>. Acesso em: 25 mar. 2019.

——. Constituição (1967). *Constituição da República Federativa do Brasil de 1967*. Disponível em: <http://www.planalto.gov.br/ccivil_03/constituicao/constituicao67.htm>. Acesso em: 23 mar. 2019.

——. Constituição (1988). *Constituição da República Federativa do Brasil de 1988*. Disponível em: <http://www.planalto.gov.br/ccivil_03/constituicao/constituicao.htm>. Acesso em: 25 mar. 2019.

——. Resolução n. 148, de 2 de agosto de 2019. *Diário Oficial da União*, Brasília, n. 152, seção 1, p. 305, 08 ago. 2019. Disponível em: <http://www.in.gov.br/web/dou/-/resolucao-n-148-de-2-de-agosto-de-2019-209517410>. Acesso em: 23 de jan. 2020.

——. Superior Tribunal de Justiça. *Conflito de Competência n. 164.544-MG*. Relator: Ministro Moura Ribeiro. Julgado em: 28 ago. 2019. Disponível em: <https://ww2.stj.jus.br/processo/revista/documento/mediado/?componente=ITA&sequencial=1857953&num_registro=201900799520&data=20190904&formato=PDF>. Acesso em: 10 out. 2019.

——. Tribunal Regional do Trabalho da 15ª Região. Décima Câmara. *Recurso Ordinário n. 0010947-93.2017.5.15.0093*. Relator: Des. Edison dos Santos Pelegrini. Julgado em: Campinas, 17 out. 2019.

——. Tribunal Regional do Trabalho da 2ª Região. Décima Quinta Turma. *Recurso Ordinário n. 1000123-89.2017.5.02.0038*. Relator: Desa. Beatriz de Lima Pereira. Julgado em: São Paulo, 20 fev. 2019. Disponível em: <http://search.trtsp.jus.br/easysearch/cachedownloader?collection=coleta014&docId=14a9c0cd0ef75e32ac0eff7afe065f0ce6ad46a5&fieldName=Documento&extension=html#q=>. Acesso em: 28 out. 2019.

——. Tribunal Regional do Trabalho da 3ª Região. Décima Primeira Turma. *Recurso Ordinário n. 0010806-62.2017.5.03.0011*. Relator: Des. Luiz Antônio de Paula Iennaco. Julgado em: Belo Horizonte, 17 de julho de 2019.

——. Tribunal Regional do Trabalho da Terceira Região. Nona Turma. *Recurso Ordinário n. 0011359-34.2016.5.03.0112*. Relator: Maria Stela Álvares da Silva Campos. Julgado em: Belo Horizonte, 25 maio 2017.

BRASIL ECONÔMICO. Motorista da Uber agora receberá de acordo com o tempo e a distância da corrida. *iG*, [*s.l.*], 03 jul. 2018. Disponível em: <https://tecnologia.ig.com.br/2018-07-03/motorista-uber-porcentagem.html>. Acesso em: 09 out 2019.

BUENO, Jeferson Reis. *Lei do salão parceiro*: o que é e quais as mudanças para os profissionais. Florianópolis, 2018. Disponível em: <https://blog.sebrae-sc.com.br/lei-do-salao-parceiro/>. Acesso em: 6 nov. 2019.

BULGUERONI, Renata Orsi. Parassubordinação: origens, elementos, espécies e tutela. *In:* MANNRICH, Nelson (Coord.). *Reforma do mercado de trabalho*: a experiência italiana. São Paulo: LTr, 2010.

CABIFY. Disponível em: <https://cabify.com/pt-BR>. Acesso em: 08 out. 2019.

CANOTILHO, J. J. Gomes. *Direito constitucional*. 6. ed. Coimbra: Almedina, 1993.

CARNEIRO, Adeneele Garcia; PEREIRA, Andressa Semeghini. A importância dos princípios da livre concorrência e da livre iniciativa para manutenção da ordem econômica no Brasil. *Revista Interfaces Científicas*. v. 04, n. 1, p. 33-44, out. 2015. Disponível em: <https://periodicos.set.edu.br/index.php/direito/article/view/2080>. Acesso em: 15 abr. 2019.

CASTELLS, Manuel. *La sociedade red*: la era de la información: economía, sociedad y cultura. 2. ed. Madrid: Alianza, 2001, v. 1.

CASTRO, Carlos Roberto Siqueira. *A Constituição aberta e os direitos fundamentais*. 2. ed. Rio de Janeiro: Forense, 2010.

CESARINO JR., Antonio Ferreira. *Direito social brasileiro*. São Paulo: Freitas Bastos, 1957, v. 1.

CHAVES JR., José Eduardo de Resende; MENDES, Marcus Menezes Barberino. Subordinação estrutural-reticular: uma perspectiva sobre a segurança jurídica. *Revista do Tribunal Regional do Trabalho da 3ª Região*, Belo Horizonte, v. 46, n. 76, p. 197-218, jul./dez. 2007.

COELHO, Fábio Ulhôa. Subordinação empresarial e subordinação estrutural. *In:* FREDIANI, Yone (Coord.). *A valorização do trabalho autônomo e a livre-iniciativa*. Porte Alegre: Magister, 2015.

CORVAL, Paulo Roberto dos Santos. Os valores sociais da livre iniciativa. *Revista de Informação Legislativa*, Brasília, a. 43, n. 171, p. 63-80, jul./set. 2006. Disponível em: <https://www2.senado.leg.br/bdsf/bitstream/handle/id/92842/Corval%20Paulo.pdf?sequence=1&isAllowed=y>. Acesso em: 22 de jan. 2020.

COUCHSURFING. Disponível em: <https://www.couchsurfing.com/>. Acesso em: 08 out. 2019.

DECLARAÇÃO UNIVERSAL DOS DIREITOS HUMANOS. [*S.l.*], ago. 2009. Disponível em: <https://nacoesunidas.org/wp-content/uploads/2018/10/DUDH.pdf>. Acesso em: 09 abr. de 2019.

DEDECA, Cláudio Salvadori. Notas sobre a evolução do mercado de trabalho no Brasil. *Revista de Economia Política*, v. 25, n. 1, p. 113-130, jan./mar. 2005.

DELGADO, Maurício Godinho. *Curso de direito do trabalho*. 16. ed. São Paulo: LTr, 2017.

——. Direitos fundamentais da relação de trabalho. *Revista LTr*, São Paulo, v. 70, n. 6, jun. 2006.

——. Relação de emprego e relações de trabalho: a retomada do expansionismo do direito trabalhista. *In:* SENA, Adriana Goulart de; DELGADO, Gabriela Neves; NUNES, Raquel Portugal (Coord.). *Dignidade humana e inclusão social*: caminhos para a efetividade do direito do trabalho no Brasil. São Paulo: LTr, 2010.

DELGUE, Juan Raso. La economía virtual: nuevos retos para el derecho del trabajo. *Revista Derecho Laboral*, Montevideo, t. LIX, n. 262, abr./jun. 2016.

DELLAGRAVE NETO, José Afonso. *Contrato individual de trabalho*: uma visão estrutural. São Paulo: LTr, 1998.

DOMESTLY. Disponível em: <https://domestly.com/>. Acesso em: 18 set. 2019.

ERNST & YOUNG. *Global generations*: a global study on work-life challenges across generations – detailed findings. [*S.l.*], 2015. Disponível em: <http://www.ey.com/us/en/about-us/our/people-and-culture/ey-work-life-challenges-across-generations-global-study>. Acesso em: 25 set. 2019.

FEINGOLD, Danny. California legislature prepares to rein in gig economy. *The American Prospect*, [*s.l.*], 11 Sept. 2019. Disponível em: <https://prospect.org/labor/california-legislature-prepares-rein-gig-economy/>. Acesso em: 19 out. 2019.

FELTEN, Maria Claudia. Os valores sociais da livre iniciativa no capitalismo contemporâneo. *Thesis*, v. 30, p. 61-91, 2018. Disponível em: <http://cantareira.br/thesis2/ed_30/materia4.pdf>. Acesso em: 22 de jan. 2010.

——; FINCATO, Denise Pires. Reforma trabalhista: contribuição sindical facultativa e futuro dos sindicatos no Brasil. *Revista Magister de Direito do Trabalho*, a. XIV, n. 81, p. 16-37, nov./dez. 2017.

FERRAZ, Jessica Gilbert; OLENIKE, Miriam Olivia Knopik; VILLATORE, Marco Antônio César Villatore. A análise da possibilidade do vínculo empregatício entre os motoristas cadastrados e a empresa Uber. *RJLB*, a. 4, n. 5, p. 927-979, 2018. Disponível em: <https://www.researchgate.net/publication/327606465_A_ANALISE_DA_POSSIBILIDADE_DO_VINCULO_EMPREGATICIO_ENTRE_OS_MOTORISTAS_CADASTRADOS_E_A_EMPRESA_UBER>. Acesso em: 2 out. 2019.

FINCATO, Denise Pires. Para além da doutrina: a prática dos benefícios extralegais no contrato de trabalho intermitente. *Revista Magister de Direito do Trabalho*, Porto Alegre, a. XVI, n. 93, p. 32-51, nov./dez. 2019.

——; SILVA, Jaqueline Mielke. Interpretação sistêmica e sustentabilidade jurídica: a necessária (re)construção do Direito do Trabalho. *Revista Chilena de Derecho del Trabajo y de la Seguridad Social*, v. 10, n. 19, p. 1-24, 2019.

——; STÜRMER, Gilberto. *A reforma trabalhista simplificada*: comentários à Lei nº 13.467/2017. Porto Alegre: EDIPUCRS, 2019.

FONSECA, Maria Hemília. *Direito ao trabalho*: um direito fundamental no ordenamento jurídico brasileiro. São Paulo: LTr, 2009.

GARCIA, Ricardo Lupion; TAVARES, Claudio Kaminski. Livre iniciativa: considerações sobre o seu sentido e alcance no Direito brasileiro. *Revista Acadêmica UFPE*, Recife, v. 88, n. 1, jan./jun. 2016. Disponível em: <https://periodicos.ufpe.br/revistas/ACADEMICA/article/view/2084/2930>. Acesso em: 14 abr. 2019.

GARCÍA QUIÑONES, Juan Carlos. Economía colaborativa y derecho del trabajo: dos realidades obligadas a entenderse en un contexto de difícil convivencia. *In:* MELLA MÉNDEZ, Lourdes (Dir.); VILLALBA SANCHEZ, Alicia (Coord.). *La revolución tecnológica y sus efectos en el mercado de trabajo*: un reto del siglo XXI. España: Wolters Kluwer, 2018. p. 97-154.

GAVRAS, Douglas. Aplicativos como Uber e iFood são fonte de renda de quase 4 milhões de autônomos. O *Estado de São Paulo*, São Paulo, 28 abr. 2019. Disponível em: <https://economia.estadao.com.br/noticias/geral,aplicativos-como-uber-e-ifood-sao-fonte-de-renda-de-quase-4-milhoes-de-autonomos,70002807079>. Acesso em: 23 out. 2019.

GIG ECONOMY. *In: Cambridge Dictionary*. [*S.l.*], [2019]. Disponível em: <https://dictionary.cambridge.org/us/dictionary/english/gig-economy>. Acesso em: 11 set. 2019.

GRAU, Eros Roberto. *A ordem econômica na Constituição de 1988*. 11. ed. São Paulo: Malheiros, 2006.

GRIER, David Alan. *Crowdsourcing for dummies*. Chichester: John Wiley & Sons, 2013.

HARARI, Yuval Noah. *21 lições para o século 21*. Tradução de Paulo Geiger. São Paulo: Companhia das Letras, 2018.

HARRIS, Seth D.; KRUEGER, Alan B. *A proposal for modernizing labor laws for twenty-first century work*: the "independent worker". Washington, DC: The Hamilton Project, Dec. 2015. Disponível em: <https://www.hamiltonproject.org/papers/modernizing_labor_laws_for_twenty_first_century_work_independent_worker>. Acesso em: 4 nov. 2019.

HOWE, Jeffe. *Crowdsourcing*: a definition. [*S.l.*], 02 jun. 2006. Disponível em: <https://crowdsourcing.typepad.com/cs/2006/06/crowdsourcing_a.html>. Acesso em: 13 set. 2019.

IBGE. *Downloads*. Disponível em: <https://www.ibge.gov.br/estatisticas/sociais/trabalho/9183-pesquisa-mensal-de-emprego-antiga-metodologia.html?edicao=20750&t=downloads>. Acesso em: 20 de março 2019.

——. Pesquisa nacional por amostra de domicílio – PNAD. *O que é*. Disponível em: <https://www.ibge.gov.br/estatisticas/sociais/trabalho/9127-pesquisa-nacional-por-amostra-de-domicilios.html?=&t=o-que-e>. Acesso em: 09 julho de 2019.

INTERNATIONAL LABOUR ORGANIZATION (ILO). *Digital labour platforms and the future of work*: towards decent work in the online world. Geneva, 2018. Disponível em: <https://www.ilo.org/global/publications/books/WCMS_645337/lang--en/index.htm>. Acesso em: 13 set. 2019.

ITÁLIA. Ministero del Lavoro e dele Politiche Sociali. *Smart working*. Roma, [2020]. Disponível em: <https://www.lavoro.gov.it/strumenti-e-servizi/smart-working/Pagine/default.aspx>. Acesso em: 22 jan. 2020.

——. Tribunale Ordinario di Torino. Quinta Sezione Lavoro. *Sentenza n. 778/2018*. Pubblicato a: 07 magg. 2018. Disponível em: <https://www.lavorodirittieuropa.it/sentenze/sentenze-lavori-atipici/171-tribunale-di-torino-sez-v-lavoro-sentenza-n-778-2018>. Acesso em: 20 jan. 2020.

KOVÁCS, Ilona. *Flexibilidade e precariedade do emprego*. Portugal: Janus, 2008. Disponível em: <http://repositorio.ual.pt/handle/11144/1383>. Acesso em: 09 jul. 2019.

LACERDA, Antônio Corrêa *et al*. *Economia brasileira*. Organização de José Márcio Rego, Rosa Maria Marques. 5. ed. São Paulo: Saraiva, 2013.

LEITE, Marcelo Lauar. Descortinando um direito fundamental: notas sobre a livre iniciativa. *Revista Digital Constituição e Garantia de Direitos*, v. 6, n. 02, 15 set. 2014. Disponível em: <https://periodicos.ufrn.br/constituicaoegarantiadedireitos/article/view/5795>. Acesso em: 13 abr. 2019.

MANNRICH, Nelson. Reinventando o Direito do Trabalho: novas dimensões do trabalho autônomo. *In:* FREDIANI, Yone (Coord.). *A valorização do trabalho autônomo e a livre-iniciativa*. Porte Alegre: Magister, 2015. p. 229-255.

——. Tendências atuais relativas ao âmbito pessoal do direito do trabalho em Portugal, Espanha e Brasil. *Revista de Direito do Trabalho*, São Paulo, v. 34, n. 130, abr./jun. 2018.

MARANHÃO, Délio. *Direito do trabalho*. 14. ed. Rio de Janeiro: Fundação Getúlio Vargas, 1987.

MARTIN, Chris J. The sharing economy: a pathway to sustainability or a nightmarish form of neoliberal capitalism? *Ecological Economics*, v. 121, p. 149-159, 2016. Disponível em: <https://doi.org/10.1016/j.ecolecon.2015.11.027>. Acesso em: 11 set. 2019.

MARTINEZ, Pedro Romano. *Estudos do instituto de direito do trabalho*. Coimbra: Almedina, 2001, v. I.

MARTINS-COSTA, Judith Hofmeister. *A reconstrução do direito privado*: reflexos dos princípios, diretrizes e direitos fundamentais constitucionais no direito privado. São Paulo: Revista dos Tribunais, 2002.

MENDES, Gilmar Ferreira. A dignidade da pessoa humana na Constituição Federal de 1988 e sua aplicação pelo Supremo Tribunal Federal. *Observatório da Jurisdição Constitucional*, Brasília, a. 6, n. 2, jul./dez. 2013. Disponível em: <https://www.portaldeperiodicos.idp.edu.br/observatorio/article/view/915>. Acesso em: 22 de jan. 2010.

——. A Justiça Constitucional nos contextos supranacionais. *Direito Público*, Brasília, v. 2, n. 8, jan. 2010. Disponível em: <https://www.portaldeperiodicos.idp.edu.br/direitopublico/article/view/1348/816>. Acesso em: 22 jan. 2020.

MERCED, Michael J. de la; CONGER, Kate. Uber is said to aim for I.P.O. valuation of up to $100 billion. *The New York Times*, New York, 10 Apr. 2019. Disponível em: <https://www.nytimes.com/2019/04/10/technology/uber-ipo.html>. Acesso em: 08 out. 2019.

MONEREO PÉREZ, José Luis. Transformaciones del trabajo y futuro del derecho de trabajo en la "era de la flexibilidad". *Revista Derecho del Trabajo*, Montevideo, n. 10, jan./mar. 2016.

——; MOLINA NAVARRETE, Cristóbal; QUESADA SEGURA, Rosa. *Manual de política y derecho del empleo*: instituciones, relaciones de empleo, marco legal de las políticas públicas y derecho social del empleo. Madrid: Tecnos, 2011.

MONTOYA MELGAR, Alfredo; MARTÍN JIMÉNEZ, Rodrigo. *Estatuto del trabajo autónomo – comentário a la Ley 20/2007, de 11 de Julio*. Navarra: Thomson; Civitas, 2007.

MORAES, Antonio Carlos Flores de; MORAES FILHO, Evaristo. *Introdução ao direito do trabalho*. 8. ed. São Paulo: LTr, 2000.

MOREIRA, Egon Bockmann. Os princípios constitucionais da atividade econômica. *Revista da Faculdade de Direito UFPR*, Curitiba, v. 45, n. 0, p. 103-111, 2006. Disponível em: <https://revistas.ufpr.br/direito/article/view/8751/6577>. Acesso em: 11 abr. 2019.

——. Reflexões a propósito dos princípios da livre iniciativa e da função social. *Revista de Direito Público da Economia*, Belo Horizonte, n. 16, p. 27-42, out./dez. 2006.

NAHAS, Thereza Christina. Considerações a respeito da relação de trabalho: a questão do trabalho semidependente e da subordinação estrutural. *In:* FREDIANI, Yone (Coord.). *A valorização do trabalho autônomo e a livre-iniciativa*. Porte Alegre: Magister, 2015. p. 272-284.

NASCIMENTO, Amauri Mascaro. *Compêndio de direito do trabalho*. São Paulo: LTr, 1976.

——. *Curso de direito do trabalho*. 20. ed. São Paulo: Saraiva, 2005.

NOGUEIRA, Mauro Oddo; ZUCOLOTO, Graziela Ferreira. *Um pirilampo no porão*: um pouco de luz nos dilemas da produtividade e da informalidade no Brasil. Brasília: IPEA. Disponível em: <http://repositorio.ipea.gov.br/handle/11058/8087>. Acesso em: 31 mar. 2019.

NORONHA, Eduardo G. "Informal", ilegal, injusto: percepções do mercado de trabalho no Brasil. *Revista Brasileira Ciências de Sociais*, v. 18, n. 53, 2008.

OJEDA AVILÉS, Antonio. *Las cien almas del contrato de trabajo*. Pamplona: Aranzadi, 2017.

OITAVEN, Juliana Carreiro Corbal; CARELLI, Rodrigo de Lacerda; CASAGRANDE, Cássio Luís. *Empresas de transporte, plataformas digitais e a relação de emprego*: um estudo do trabalho subordinado sob aplicativos. Brasília: Ministério Público do Trabalho, 2018. Disponível em: <http://csb.org.br/wp-content/uploads/2019/01/CONAFRET_WEB-compressed.pdf>. Acesso em: 01 out. 2019.

OLIVARES, Antonia Díaz. Nuevas formas de trabajo: reflexiones en torno a la aplicación de Uber. *Revista de Estudios Ius Novum*, v. 11, n. 1, p. 153-184, 2018.

OLIVEIRA, Sidnei Rocha de; PICCININI, Valmiria Carolina. Mercado de trabalho: múltiplos (des)entendimentos. *Revista de Administração Pública*, Rio de Janeiro, set./out. 2011.

PASSARELLI, Giuseooe Santoro. *Il lavoro parassubordinato*. Milano: Franco Angeli, 1979.

PAULANI, Leda Maria. Economia e retórica: o capítulo brasileiro. *Revista de Economia Política*, v. 26, n. 1, p. 3-22, jan./mar. 2006. Disponível em: <http://www.scielo.br/pdf/rep/v26n1/a01v26n1>. Acesso em: 16 abr. 2019.

PEREIRA, William Eufrasio Nunes. Do estado liberal ao neoliberal. *Revista INTERFACE*, Natal, v. 1, n. 1, 2004. Disponível em: <https://ojs.ccsa.ufrn.br/index.php?journal=interface&page=article&op=view&path%5B%5D=10>. Acesso em: 16 abr. 2018.

PERES, Antonio Galvão; ROBORTELLA, Luiz Carlos Amorim. Subordinação estrutural na terceirização de serviços: subversão dogmática. *In:* FREDIANI, Yone (Coord.). *A valorização do trabalho autônomo e a livre-iniciativa*. Porte Alegre: Magister, 2015.

PIOVESAN, Flavia. *Temas de direitos humanos*. 7. ed. São Paulo: Saraiva, 2014.

PLÁ RODRIGUEZ, Américo. *Princípios do direito do trabalho*. 3. ed. atual. São Paulo: LTr, 2000.

POCHMANN, Márcio. Mercado geral de trabalho: o que há de novo no Brasil? *Parcerias Estratégicas*, Brasília, n. 22, p. 121-144, jun. 2006. Disponível em: <http://seer.cgee.org.br/index.php/parcerias_estrategicas/article/viewFile/284/278>. Acesso em: 20 mar. 2019.

PRADO FILHO, H. Ayrton Rodrigues do. A gestão do custo do trabalhador no Brasil. *Ad Normas*, São Paulo, 01 jan. 2019. Disponível em: <https://revistaadnormas.com.br/2019/01/01/a-gestao-do-custo-do-trabalhador-no-brasil/>. Acesso em: 23 out. 2019.

RAMALHO, Maria do Rosário Palma. *Direito do trabalho*. Coimbra: Almedina, 2005.

RAO, Leena. Uber brings its disruptive car service to chicago. *TechCrunch*, [*s.l.*], 22 sep. 2011. Disponível em: <https://techcrunch.com/2011/09/22/uber-brings-its-disruptive-car-service-to-chicago/>. Acesso em: 08 out. 2019.

REALE, Miguel. *Filosofia do direito*. 19. ed. São Paulo: Saraiva, 1999.

REMY, Maria Alice Pestana de Aguiar; QUEIROZ, Silvana Nunes de; SILVA FILHO, Luiz Abel. Evolução recente do emprego formal no Brasil: 2000-2008. *Revista da ABET*, v. X. n. 1, p. 57-78, jan./jun. 2011.

RIFKIN, Jeremy. *O fim dos empregos*: o declínio inevitável dos níveis dos empregos e a redução da força global de trabalho. Tradução de Ruth Gabriela Bahr. São Paulo: Makron Books, 1995.

RODRIGUES, Bruno Alves. A relação de emprego no serviço de transporte de passageiros ofertado por intermédio de plataforma eletrônica. *In:* LEME, Carolina Reis Paes; RODRIGUES, Bruno Alves; CHAVES JR., José Eduardo de Resende (Coord.). *Tecnologias disruptivas e a exploração do trabalho humano*. São Paulo: LTr, 2017. p. 209-219.

ROMITA, Arion Sayão. A crise do critério da subordinação jurídica – necessidade de proteção a trabalhadores autônomos e parassubordinados. *Revista de Direito do Trabalho*, São Paulo, a. 31, n. 117, jan./mar. 2005.

——. *A subordinação do contrato de trabalho*. Rio de Janeiro: Forense, 1979.

——. *O princípio da proteção em xeque*. São Paulo: LTr, 2003.

RUPRECHT, Alfredo J. *Contrato de trabajo*: principios generales y legislación comentada. Buenos Aires: Omeba, 1960.

RUSSOMANO, Mozart Victor. *Comentários à Consolidação das Leis do Trabalho*. 13. ed. Rio de Janeiro: Forense, 1990.

——. *Contrato individual de trabalho*. Porto Alegre: Sulina, 1966.

SANTOS JR., Rubens Fernando Clamer. *A eficácia dos direitos fundamentais dos trabalhadores*. São Paulo: LTr, 2010.

SARLET, Ingo Wolfgang. *Dignidade da pessoa humana e direitos fundamentais na Constituição Federal de 1988*. 10. ed. Porto Alegre: Livraria do advogado, 2015.

——. *A eficácia dos direitos fundamentais*. 11. ed. Porto Alegre: Livraria do Advogado, 2012.

SIGNES, Todolí. *El contrato de trabajo en el S. XXI*: La economía colaborativa, On-demand economy, Crowdsorcing, Uber economy y otras formas de descentralización productiva que atomizan el mercado de trabajo. Disponível em: <https://ssrn.com/abstract=2705402>. Acesso em: 13 set. 2019.

——. La regulación especial del trabajo en la gig economy. *Revista de Estudios para Desarrollo Social de la Comunicación*, n. 15, 2017. Disponível em: <http://revista-redes.hospedagemdesites.ws/index.php/revista-redes/article/view/502/535>. Acesso em: 13 set. 2019.

SILVA, Luiz de Pinho Pedreira da. Da "velha" parassubordinação ao novo contrato de trabalho a projeto. *Revista de Direito do Trabalho*, São Paulo, a. 32, p. 343-348, abr./jun. 2006.

SILVA, Otávio Pinto. A modernização do direito do trabalho. *Revista da Faculdade de Direito da Universidade de São Paulo*, São Paulo, n. 94, 1999. Disponível em: <http://www.revistas.usp.br/rfdusp/article/view/67439>. Acesso em: 10 jul. 2019.

——. Subordinação, autonomia e parassubordinação nas relações de trabalho. São Paulo: LTr, 2004.

SMITH, Adam. *A riqueza das nações*: investigação sobre sua natureza e suas causas. São Paulo: Nova Cultural, 1996. (Os economistas, v. IV).

SOUZA, Washington Peluso Albino de. Direito econômico do trabalho. *Revista do Tribunal Regional do Trabalho da 3ª Região*, Belo Horizonte, n. 54, 1995. Disponível em: <https://www.trt3.jus.br/escola/download/revista/rev_54/Washington_Souza.pdf>. Acesso em: 20 abr. 2018.

SPRAGUE, Robert. Worker (mis)classification in the sharing economy: trying to fit square pegs in round holes. *Journal of Labor & Employment Law*, n. 53, 2015. Disponível em: <https://papers.ssrn.com/sol3/papers.cfm?abstract_id=2606600>. Acesso em: 10 out. 2019.

STEFANO, Valerio de. *The rise of the just-in-time workforce*: on-demand work, crowdwork, and labor protection in the gig-economy. [S.l.], 28 Oct. 2015. Disponível em: <https://ssrn.com/abstract=2682602>. Acesso em: 13 set. 2019.

STEPHANY, Alex. *The business of sharing*: making it in the new sharing economy. Londres: Pelgrave Macmillan, 2015.

STÜRMER, Gilberto. *Direito constitucional do trabalho no Brasil*. São Paulo: Atlas, 2014.

SUNDARARAJAN, Arun. *Economia compartilhada*: o fim do emprego e a ascensão do capitalismo de multidão. São Paulo: Senac, 2018.

SUPIOT, Alain. *Crítica ao direito do trabalho*. Tradução de Antònio Monteiro Fernandes. Lisboa: Fundação Calouste Gulbenkian, 2016.

——. Transformaciones del trabajo y porvenir del derecho laboral en Europa. *Revista Internacional del Trabajo*, v. 118, n. 1, p. 35-50. Disponível em: <https://onlinelibrary.wiley.com/doi/epdf/10.1111/j.1564-913X.1999.tb00051.x>. Acesso em: 04 nov. 2019.

SÜSSEKIND, Arnaldo *et al. Instituições de direito do trabalho*. 22. ed. São Paulo: LTr, 2005.

——. Da relação de trabalho. *Revista do Tribunal Superior do Trabalho*, Brasília, a. 75, n. 4, out./dez. 2009.

TAVARES, André Ramos. *Direito constitucional econômico*. 3. ed. São Paulo: Método, 2011.

TEC. Microsoft investe no Uber e leva a empresa a valor recorde. *Folha de São Paulo*, São Paulo, 31 jul. 2015. Disponível em: <https://www1.folha.uol.com.br/tec/2015/07/1663191-microsoft-investe-no-uber-e-eleva-a-empresa-a-valor-recorde-diz-jornal.shtml>. Acesso em: 08 out. 2019.

THEODORO, Marcio. As características do mercado de trabalho e as origens do informal no Brasil. *In:* JACCOUD, Luciana (Org.). *A questão social e políticas sociais no Brasil contemporâneo*. Brasília: IPEA, 2005.

TIMM, Luciano Benetti. O direito fundamental à livre iniciativa: na teoria e na prática institucional brasileira. *Revista da Ajuris*, Porto Alegre, v. 106, p. 107-124, 2007.

TORTOSA, José Maria. Crisis: no una, sino varias; es decir, una. Consecuencias económicas y sociales de la crisis mundial. *Revista de Estudios Sociales y de Sociología Aplicada*, n. 158, p. 15-30, jul./set. 2010.

TOURAINE, Alain. *Após a crise*: a decomposição da vida social e o surgimento de atores não sociais. Rio de Janeiro: Vozes, 2011.

UNITED STATES OF AMERICA. Department of Labour. *Compliance assistance*: wages and the Fair Labor Standards Act (FLSA). Disponível em: <https://www.dol.gov/whd/flsa/>. Acesso em: 19 out. 2019.

UBER. *Carros aceitos*. Disponível em: <https://www.uber.com/pt-BR/blog/uber-carros-aceitos/>. Acesso em: 09 out. 2019.

——. Como a Uber funciona? Disponível em: <https://help.uber.com/pt-BR/riders/article/como-a-uber-funciona?nodeId=738d1ff7-5fe0-4383-b34c-4a2480efd71e>. Acesso em: 08 out. 2019.

——. *Fatos e dados sobre a Uber*. Disponível em: <https://www.uber.com/pt-BR/newsroom/fatos-e-dados-sobre-uber/>. Acesso em: 10 out 2019.

——. *Ganhos dos motoristas parceiros*. Disponível em: <https://www.uber.com/pt-BR/drive/resources/ganhos/>. Acesso em: 09 out. 2019.

——. *Política de desativação*. Disponível em: <https://www.uber.com/pt-BR/drive/resources/regras/>. Acesso em: 09 out. 2019.

——. Repasse de pagamento. Disponível em: <https://www.uber.com/pt-BR/blog/como-funciona-o-repasse-de-ganhos-do-motorista-parceiro-com-a-uber/. Acesso em: 09 out. 2019.

——. *Termos e condições*. Disponível em: <https://www.uber.com/pt-BR/legal/terms/br/>. Acesso em: 09 out 2019.

VALENCIA. Juzgado de lo Social n. 6. *Sentencia n. 244/2018*. Julgado em: 01 jun. 2018. Disponível em: <https://www.isdc.ch/media/1590/13-juzgado-valencia-1-junio.pdf>. Acesso em: 20 de jan. 2020.

VERDÚ, Pablo Lucas. *Prontuário de derecho constitucional*. Granada: Comares, 1996.

VIDELA, Pedro. A revolução da economia colaborativa. *Revista Exame*, v. 50, n. 2, p. 90, fev. 2016. Disponível em: <https://exame.abril.com.br/revista-exame/a-revolucao-da-economia-colaborativa/>. Acesso em: 10 out. 2019.

VILHENA, Paulo Emílio Ribeiro de. *Relação de emprego*: estrutura legal e supostos. 3. ed. São Paulo: LTr, 2005.

WANDELLI, Leonardo Vieira. *O direito humano e fundamental ao trabalho*: fundamentação e exigibilidade. São Paulo: LTr, 2012.

WIEVIORKA, Michel. Crise financeira ou mutação social? *In:* CASTELLS, Manuel; CARDOSO, Gustavo; CARAÇA, João (Org.). *A crise e seus efeitos*: as culturas econômicas da mudança. São Paulo: Paz e Terra, 2013. p. 131-158.

ZANATTA, Rafael Augusto Ferreira. Economia do compartilhamento: superando um problema conceitual. *In:* ZANATTA, Rafael A. F.; PAULA, Pedro C. B.; KIRA, Beatriz (Org.). *Economias do compartilhamento e o Direito*. Curitiba: Juruá, 2017.

ZIPPERER, André Gonçalves. *A intermediação de trabalho via plataformas digitais*: repensando o direito do trabalho a partir das novas realidades do século XXI. São Paulo: LTr, 2019.